Disney 3日で変わるディズニー流の育て方

Change within 3 days how to bring up a subordinate of the Disney way

How to bring up

櫻井恵里子
ディズニー・元人材トレーナー
Eriko Sakurai

sanctuary books

ハピネスが生まれる
最高のチームのつくり方

Leadership implies a strong faith
or belief in something.

Walt Disney

リーダーシップには強い信念、
なにかを信じる心が必要だ。

ウォルト・ディズニー

いつ、何度行っても
心からのおもてなしで
迎え入れてくれる
ディズニーキャストたち。

笑っているゲストと一緒に笑い、
泣いているゲストのもとに走っていく
彼らの心は、ゲストのそばに。

そして、ゲストのハピネスのために、
いつも、全力。
みんなを笑顔にしてくれます。

しかし彼らは、
特別な人々から選ばれた
というわけではないことを、
ご存じでしょうか。

実は、キャストのほとんどは、
ごく普通の学生さんや、主婦の方々。
もともとは、数多くいるディズニーのファンの
ひとりに過ぎませんでした。

そんな彼らが、いかにして素晴らしい
キャストになっていくのか。

実はたった3日の研修で、
彼らは夢の国の表舞台にデビューしています。

そこに、〝ディズニーの魔法〟があります。

単純に褒める、叱る、だけではない
短期間で人を育てる、魔法。

その秘密をちょっとだけ覗いてみませんか。

はじめに

ディズニーのキャストを見て、「なぜあんなにいきいきと働けるのだろう」と思ったことはありませんか？
あなたの職場でも「みんながあんなふうに、楽しく前向きに働けたらいいな」と、あこがれたことはないでしょうか。

結論からいいましょう。
どんな職場であっても、ちょっとしたコツを押さえれば、メンバーが「ディズニーのキャスト」に変わります。みんながいきいきと働き、成果を上げ、チームとしてより輝くことができるようになります。

私は、大学卒業後に、東京ディズニーランド・ディズニーシーを運営するオリエンタルランドに17年間勤め、人材トレーナーとして10万人以上のキャストをディズニーの表舞台へと送り出してきました。

ディズニーで培った経験を生かし、現在はサービス経営やホスピタリティ教育に特化している西武文理大学で、教員をしています。

これまでの経験からいえるのは、ディズニーには、たんに褒める、叱る、だけではない、「魔法の教え方」があるということです。

アトラクションや店舗にもよりますが、ほとんどのキャストは3日間の研修だけでデビューします。

ディズニー流育て方の最大の特徴は、「ゴールを見せること」「感動を体験させること」「行動を見守ること」の3つが挙げられます。

そして、それらを取り入れればどんな職場でも、ディズニーのキャストのように自分で考え、自ら進んで動くような人材を育てることができるのです。

この本を書こうと思ったのには、理由があります。

私は、高校時代、ある大きな挫折を経験しました。詳しくは後述しますが、未来に夢を持つことがまったくできず、途方にくれていました。

その時に私を助け、生きる目標をくれたのが、当時の先生でした。私もそんなふうに、誰かのことを導き、支えられるような存在になりたいと強く思い、「人を育てること」を一生の仕事にしようと考えるようになりました。

オリエンタルランドに入ったのは、大学時代にディズニーランドに行った時の驚きが忘れられなかったからです。

パークに一歩入れば、見渡す限り、笑顔でない人はいませんでした。なぜこんなにみんな笑っているのだろう。そして、働いているキャストも、どうしてこんなに楽しそうなんだろう……。

そこで「ディズニーキャストを育てる魔法を知りたい」と思ったのがきっかけとなりました。

入社以来、たくさんのキャストとの出会いを通じ、私なりにディズニーの「魔法の教え方」を体得できたと思っています。

そうした知見を、より多くの人に知ってもらうことはできないか。誰かが「人を育てる」ことを、私なりの方法でサポートできないか。

そんな思いをこの本に込めています。

いつの時代も、どんな職場でも、仕事をつくるのは人です。

どんなにＩＴ化が進んでも、人と人とのかかわりを通じてしか、感動は生まれません。

すなわち、組織の成長の鍵を握っているのは、人材育成なのです。


この本では、誰でも、どんな職場でもすぐに取り入れられるディズニー流人材育成のコツを40にまとめました。

実践してもらえれば、きっとあなたの職場の雰囲気は変わり、メンバーがいきいきとして、ハピネスの輪が生まれます。

そうしてチームが輝けば、そのハピネスを受け取ったお客様は必ずまた、あなたに会いに来てくれるでしょう。


あなたと、そのメンバーに、ディズニーのハピネスが届きますように。

《本書を読む前に》

人材育成の悩みの88％は解決できる

この本の制作にあたり、事前に「人材育成についての悩み」を６００人の男女に聞きました。

左ページのグラフの通り、部下や後輩を持つ人の72％が、「人材育成で悩んだことがある」と答えています。さらに、具体的な悩みについて、もっとも多かったのは「部下・後輩のモチベーションや能力が低い」、次いで「褒め方、叱り方がわからない」「指示待ちで自発的に動かない」と続きました。

これらと、「その他」の自由回答で挙げられた人材育成の悩みの88％は、本書に書かれた40のコツを実践すれば、解決できます。

ひとつの項目が４ページごとになっており、毎回最終ページには、「まとめ＋育て方のワンポイント（「How to bring up」）」を掲載しています。

あなたに必要そうなページから、読んでみてください。

Q. 部下・後輩の育成で悩んだことはありますか？

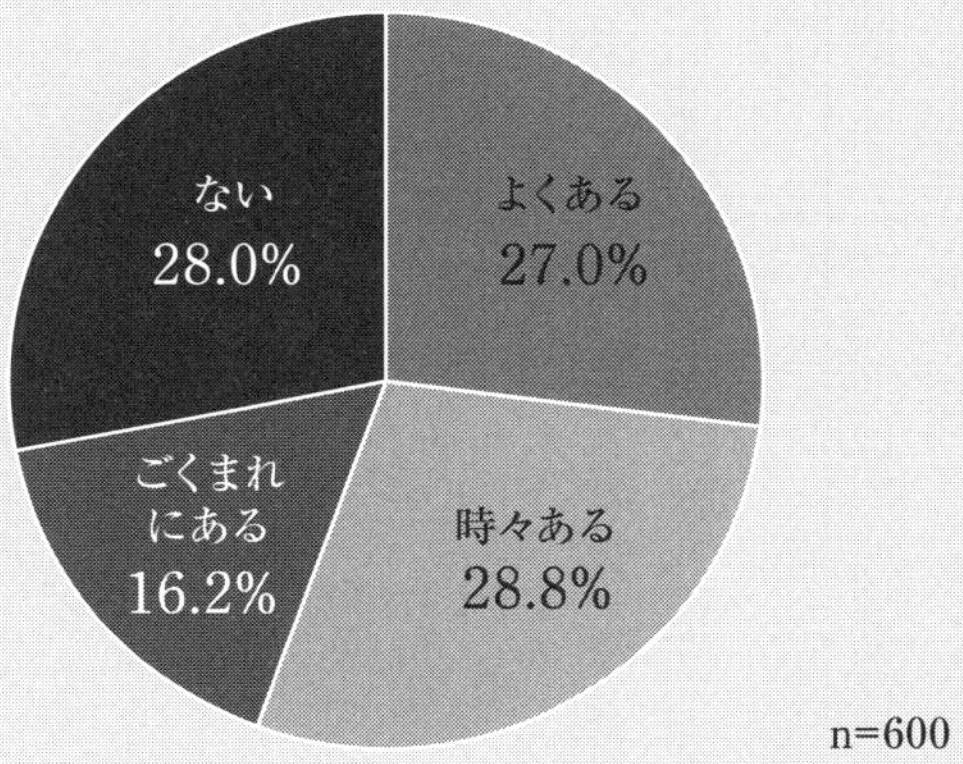

Q. 部下・後輩を持って悩んだことで、当てはまるものを選んでください（3つまで）

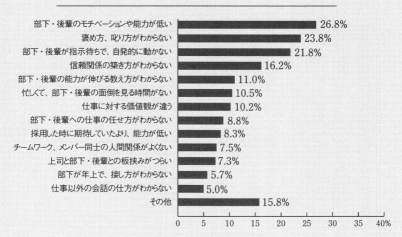

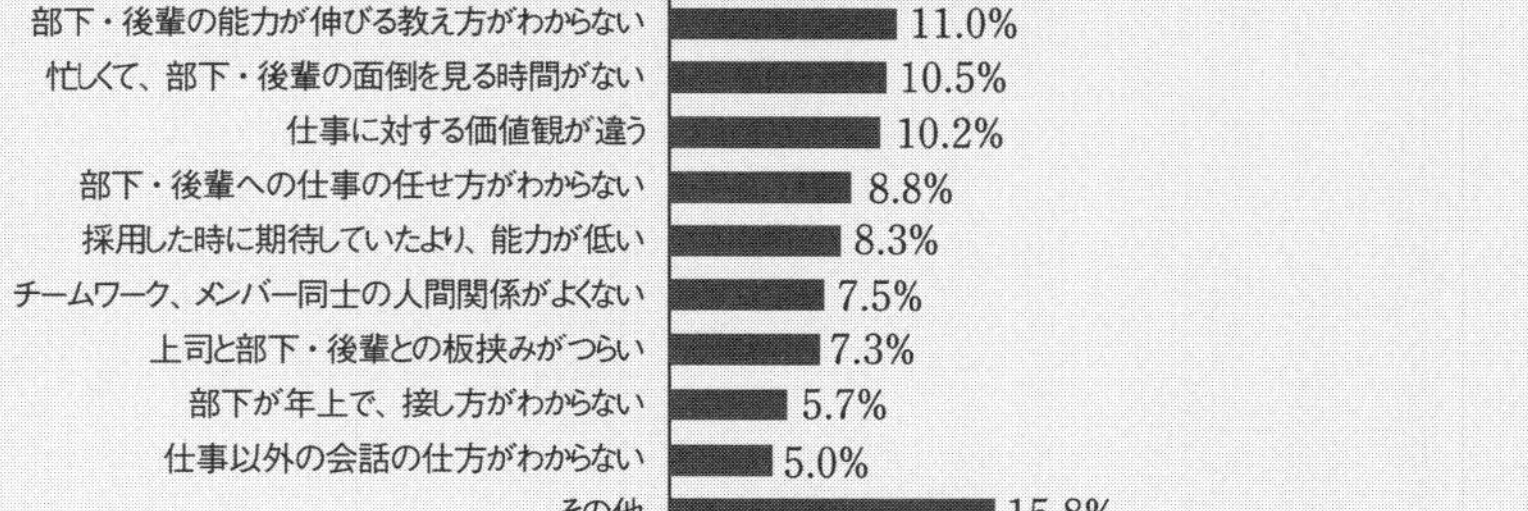

「人材育成の悩みアンケート」結果より <「アンとケイト」調べ>
（部下・後輩を持つ30〜40代の男女600名を対象に、2017年2月に実施しました）

Change within 3 days
how to bring up a subordinate of
the Disney way

CONTENTS
目次

CHAPTER 1

どんな職場でも取り入れられる、ディズニー流の育てるしくみ 《準備編》

CHAPTER 2

褒める、叱るだけじゃない、気持ちが通じる伝え方《コミュニケーション編》

CHAPTER 3

「魔法の教え方」で、人もチームも自立できる《チームビルディング編》

この本に出てくる、主なディズニー用語

パーク
東京ディズニーランド、東京ディズニーシーのこと。

ゲスト
パークを訪れるお客様のこと。

キャスト
パークで働く人のこと。

ショー
施設やキャストなど、パーク内のすべて。

オンステージ
ステージの上だけではなく、ゲストから見えるすべての場所。

バックステージ
キャストしか見ることのできないバックヤードのこと。

アトラクション
パーク内の乗り物や劇場のこと。

カストーディアル
清掃業務を担当するキャストのこと。道案内や写真撮影も行う。

※本書でご紹介する情報は書籍刊行時点でのものであり、
変更する場合があります。

CHAPTER

1

Change within 3 days
how to bring up a subordinate of
the Disney way

どんな職場でも
取り入れられる、
ディズニー流の育てるしくみ

《準備編》

SYSTEM 01

しくみ

マニュアルは、暗記させなくていい

新人研修やスタッフ教育の際、多くの企業では独自のマニュアルを作成し、配布していると思います。私が人材教育に関するセミナーを行ってきた企業でも、細かいサービスマニュアルをつくっているところがいくつもあり、お辞儀の角度から笑顔の度合いまで、きちんと定められていました。

しかし**ディズニーのキャストには、実はマニュアルが存在しません。**アトラクションの動きなどを記した手順書はあります。これは大体数百種類ありますが、いわば取扱説明書で、サービスマニュアルとは異なります。

詳しくは後述しますが、ディズニーのキャストには、「**SCSE**」(安全・礼儀・ショー・効率) といった行動基準と、「**ゲストにハピネスを提供する**」という企業理念以外、ほぼ従うべき事柄は存在しないのです。

果たしてそのような状態で、組織がうまく動くのか、信じられないという人もいるでしょう。マニュアルで行動を細かく規定するのではなく、ディズニーのフィロソフィーをまずは深く理解させて、それに沿った行動が自然にできるよう導くという手法をとっているのです。

マニュアルがないとどんなメリットがあるかといえば、大きく3つ挙げられます。まず、**各人の裁量の幅が広がり、それがモチベーション**につながります。また、**自らが考え、判断して動く必要があるので、自主性**も高まります。そして、**想定外の出来事にも現場でうまく対処できる柔軟性**も生まれます。

以前、パーク内のレストランのキャストが、男性のゲストからこんな相談を受けたことがありました。

「サプライズでプロポーズをしたいから、婚約指輪を料理に隠してくれませんか」

キャストが、基本的にゲストの物を預からないということは、共通認識になっています。万が一なくしたり、壊したりしたら大変だからです。しかしそのキャストは、自らの判断で婚約指輪を預かり、ディナーコースの締めくくりであるデザートの中に忍ばせました。

そして結果的に、プロポーズは大成功。後日、その男性ゲストからキャスト宛に一通の手紙が届きました。

「あなたのおかげで、私たち夫婦にとって一生忘れられない思い出になりました。もしよければ、結婚式に出席してもらえませんか」と、そこには感謝の気持ちが綴られていたのです。

このキャストがなぜこのような行動をしたのかといえば、ディズニーの企業理念である「**ゲストにハピネスを提供する**」**ことを優先**させたからに他なりません。

そして、それをリーダーに事後報告したところ、大いにキャストは褒められたといいます。つまりリーダーもまた、同じ価値観を持っているのです。

あなたが人を育てる時にも、サービスマニュアルを暗記させるのではなく、まずはディズニー流に「**スタッフとしてこうあってほしい**」という理念と、**大切にすべき「行動基準」をしっかりと伝え、そのうえで判断を任せてみてはいかがでしょうか。**

しくみ・SYSTEM

信頼し、任せて、やる気と自主性を伸ばす

ディズニーでは、
「お辞儀の角度」「笑顔のつくり方」
といったサービスマニュアルはない

⇩

《マニュアルがないメリット》

①裁量の幅が広がり、モチベーションがアップする
②自らが考え、判断して動く必要があるので、自主性が高まる
③想定外の出来事に対処できる柔軟性が身につく

How to bring up

理念と行動基準を伝えて、
メンバーが判断できるように導こう。

SYSTEM 02

しくみ

守るべきことは、4つ以内に抑える

ディズニーのキャストたちが、臨機応変にホスピタリティを発揮し、いきいきと働いているのを見て、「いったいどんな教育をしたらこんなふうに動けるのか」と驚く方は多くいます。

しかし前項の通り、ディズニーには詳細なマニュアルがあるわけではありません。自らの企業理念である「**ゲストにハピネスを提供する**」ということを実現するための行動基準は、実はとてもシンプルなもの。それが、ディズニーのキャストならまず知らない人はいない、「**SCSE**」という行動基準です。

S：安全（SAFETY）

ゲストや施設はもちろん、キャスト自身の安全も含め、もっとも重視されています。

フードなどの品質管理基準も国の基準よりはるかに厳しくなっています。

C：礼儀（COURTESY）

作法だけではなく、相手の立場に立ったホスピタリティも含まれます。研修では特に、挨拶、笑顔、言葉遣い、アイコンタクトについてチェックされます。

S：ショー（SHOW）

パーク内のことを「オンステージ」と呼び、ステージ上のすべてを「ショー」としてとらえています。身だしなみや立ち居振る舞いは常に意識。清掃からゲスト対応まであらゆるシーンで求められます。

E：効率（EFFICIENCY）

ゲストのためにチームワークを発揮し、より効率的に動くという考え方です。ゲストに待ち時間を長く感じさせないための工夫などが、ここに当たります。

これらは優先度の高い順に並んでおり、頭文字をとって「SCSE」と呼ばれています。守るべき行動基準は、この4つだけ。**非常にシンプルであり、それゆえにキャストたちに深く浸透しています。**

4という数字は、実は心理学的にも理にかなったものです。人が一度に処理できる情報量には限界があり、どうやらそれが4つであるということが明らかになってきました。そうしたことから、最近の心理学では、短期記憶において4が「**マジカルナンバー**」と言われています。

この発想は、メンバーに仕事における原理原則を伝える際にも活用できます。

いくら仕事のできる人でも、一度に10も20もの「守るべきこと」を与えれば、それをインプットするだけで一苦労。処理能力の限界を超えて注意力が散漫になります。

ですから、ルールをつくったり、理念や守るべき原則を示したりする時には、**最大でも4つ以内に絞ったうえで伝えたほうが、より深く浸透し、実行度も高くなるでしょう。**また、仕事を与える際にも、ひとつの案件に対して「**AとBを注意して、Cを確認してから、Dを実行してほしい**」というように、タスクを4つ以内に収めると、より成果が上がりやすいはずですから、意識してみてください。

しくみ・SYSTEM

仕事の理念を伝え、最低限の指針だけをつくる

ホスピタリティの基礎となる「行動基準」は4つだけ

S：安全（SAFETY）
ゲストの安全。キャストの安全。

C：礼儀（COURTESY）
挨拶。笑顔。言葉遣い。アイコンタクト。

S：ショー（SHOW）
ディズニールック。オンステージのすべて。

E：効率（EFFICIENCY）
チームワーク。無駄なことをしない。

How to bring up

メンバーの守るべきことが、4つ以内になっているかチェック。

SYSTEM

03

しくみ

目に触れるものは、すべてが〝ショー〟である

仕事をするうえで、身だしなみが非常に大切であるということは、社会で働く人であれば理解していることと思います。

しかし、社会人1年目であったり、大学生のアルバイトであったりすると、どうしても身だしなみに関する意識が低くなりがち。むしろ職場に自分なりのおしゃれをしてきて、リーダーを閉口させるような人もいるかもしれません。

ほとんどがアルバイトであるディズニーのキャストたちですが、身だしなみが乱れている人はまずいません。その理由は、**身だしなみに関しては徹底した決まりがある**からです。

女性キャストの身だしなみを例にとって紹介すると、まずメイクは最低限に抑え、

清潔感のある自然なものに限られます。派手な色使いはもちろん、ラメ入りや金、銀など過度な輝きの出るものも許されません。爪は、指の先端より3㎜を超えない長さ。マニキュアやジェルネイルをする場合は、肌の色に近いものを選びます。パール入りやラメが入ったもの、アートやグラデーションは、色やデザインにかかわらず一切NGです。

髪は、肌、瞳、眉とバランスのとれた色とします。染める場合も、派手な色やムラのある不自然な色ではなく、自然に見える仕上がりでなければいけません。日焼けやドライヤーなどで髪が傷んでムラになっている場合には手入れを求められます。

イヤリングやピアスは、服装に合った色で直径2㎝以内、耳に固定されるシンプルなデザインのものを1組に限り耳たぶの下方に着用できます。

ディズニーでは、キャスト同士が2人組になってお互いをチェックしていきます。そのように他人の目を取り入れたしくみをつくることで、ルールはさらにしっかりと守られます。

パーク内には、ヘアサロンやコスチューム部もあり、意図せぬ乱れや、制服のほつれなどがあれば、すぐに修正できるようになっています。しかしそれでも緊急時には対応できないため、私は常にメイク道具や裁縫道具を持ち歩き、その場で直してあげていたものです。

ディズニーは**ファミリーエンターテインメントであり、キャストたちは老若男女あらゆる層に好感を持ってもらう**必要があります。時には文化や人種の壁も越えなければいけません。**「目に見えるものすべてがショー」**という発想のもと、職種、業務の区別などに関係なく、清潔で手入れの行き届いた身だしなみを保つことは、キャストとして重要な役割のひとつであり、だからこそ厳しいルールがあるのです。

もしあなたの職場におしゃれを気にして身だしなみが整っていないようなメンバーがいたら、まずは「おしゃれ」と「身だしなみ」の違いについて教える必要があります。プライベートのおしゃれは自分のため、仕事の身だしなみは他人のため。あなたにとって当たり前のことでも、悪気なく気づいていない可能性があります。

また、身だしなみに加えて、デスクや共有部分をきれいに保つことも、仕事の一部であるということを合理的に理解させるしくみが必要なのです。

しくみ・SYSTEM

定着させたいルールは、複数人の目を取り入れる

ディズニーは、
「ファミリーエンタテインメント」

老若男女、文化や人種を越えて
好感を持ってもらう必要がある

口頭で説明するだけではなく
合理的に改善される方法にする

How to bring up

身だしなみやデスクの美化は、
メンバー同士でチェックする。

On-the-Job Training

04

OJT

メンバーが担うべき、本来の「役割」を伝える

新人教育の手法としてすっかりおなじみといえるのが、実際の仕事を通じてトレーニングを行う**OJT（オン・ザ・ジョブトレーニング）**です。

あらゆる業種において、現場に出て初めてわかることは多く、OJTは極めて有意義であるといえます。あなたの職場でも、先輩が現場で新人について教育するというしくみがすでにあるのではないでしょうか。

ただ、私がこれまで講習や研修を行ってきた企業では、OJTがなかなか思うように機能せず、あまり成果を上げていないところがいくつもありました。

なぜ失敗してしまうのか。そのもっとも大きな理由は、**流れ作業的に業務手順ばかりを詰め込みがちで、メンバーとして求められている本質的な「役割」を理解させずに済ませてしまう**からだと私は考えています。

ディズニーの教育では、キャストに本来の役割を理解してもらうため、努力と工夫を惜しみません。

私が新入社員の頃に実施され、いまだに忘れられないOJTがあります。

それは開園時に「**パートナーズ像の前に15分間立っている**」というものです。ディズニーランドのワールドバザールの大屋根をくぐると、目の前にシンデレラ城が見えてきます。その正面に立っているのが、ウォルト・ディズニーとミッキーマウスの「パートナーズ像」です。

ある日、トレーナーの先輩は、開園直前に私をその像の前に連れて行きました。そしてそこでなにもしゃべらず、ただゲストがこれから来園するであろう入場ゲートの方角を見つめています。私は不思議に思いながらも先輩の横に立ち、ただただ同じ方向を見ていました。

朝8時。ゲートが開くと、さっそくゲストがこちらに向かって足早に歩いてきました。

パートナーズ像の前というのは、来園されたゲストが必ず通る場所でもあります。たくさんのゲストが私たちの前を通り過ぎていきました。マップを手に取り、どこに向かうか話しながら歩くカップル、足取りの軽い学生のグループ、赤ちゃんをベビーカーに乗せた家族連れ……。

それらすべての人は、ひとり残らず、笑顔だったのです。

全員がいきいきとして、明るい表情を浮かべていました。

15分が過ぎた頃、隣に立っていた先輩が、口を開きました。「なにを感じましたか」。私は迷わず「**この笑顔に応えたいと思いました**」と言いました。

するとトレーナーは、「**それがあなたの仕事です**」と微笑みました。

百聞は一見に如かず。会議室で1時間「お客様は大切です」と力説するのと、OJTでお客様のわくわくした顔を15分見せるのと、どちらがその後の行動を変えるかは、言うまでもありません。

OJTを実施するなら、**お客様の喜びや感動に接し得る体験を組み込むよう、意識**してみてはどうでしょう。

OJT・On-the-Job Training

お客様の「感動」や「喜び」がその後の行動を変える

《従来のOJTの限界》

業務手順を詰め込むだけでは、
本質的な「役割」は理解できない

ディズニーでは、
メンバーが担うべき役割を体感するための
努力と工夫を惜しまない

⇩

仕事をするうえでの核となり、
迷ったらそこに立ち返る指針に

How to bring up

お客様の喜ぶ姿を、
見せる回数を増やす。

RECRUITMENT

05

採用

リラックスできる環境をつくり、その人の個性を引き出す

組織やチームを任されると、時に採用や新たなメンバーの人選まで託されることがあります。その際には、必ず面接を行って、新メンバーを選ぶことになると思います。

自分のチームに合ったメンバーを選ぶことは、リーダーとしても非常に大切なことであり、面接の際にもつい力が入ってしまうことでしょう。

しかし、限られた時間でできるだけ相手の本質に迫ろうと意気込み、矢継ぎ早に質問を投げかけるようなやり方をすると、その人がどんな人かほとんどわからないまま面接が終了してしまうことがあります。

そうした「一方的」な受け答えでは相手が緊張してしまい、自分をうまく表現できなくなってしまうからです。

面接もまたコミュニケーションのひとつと考えるなら、やはり**「双方向」で会話をして、互いについて自然に語り合えるような環境を演出**せねばなりません。

ディズニーリゾートでは、約1万8000人ものアルバイトが働いていますが、もちろん彼らはすべて、面接を経て採用されています。その採用でユニークなのは**書類審査がないこと。面接のみで、人柄を判断しています。**

ディズニーの採用活動の代表的なものとして「キャスティングサテライト」があります。数千人規模の応募者を集め、大きな会場で行われる一大イベントです。

この面接に参加するにあたって、事前予約や履歴書などは一切不要で、髪型や服装も、自由です。

さらに特徴的なのは、会場の雰囲気です。私が在籍していた頃は、会場にはパークと同じような音楽が流れ、実際のコスチュームに身を包んだ先輩キャストが歩いていたり、風船がたくさん飛んでいたりと、一般的な面接会場のイメージとはかけ離れています。

そのせいもあって、会場ではがちがちに緊張しているような人はまずいません。ほとんどの人が笑顔で、面接を受けた後も「楽しかった」と口にします。

なぜこのようなスタイルをとっているかといえば、ディズニーの企業ビジョンや空気感を体験してもらうということがあります。また、採用されたのちに、同じようにゲストを笑顔で出迎えてほしい、という思いも込められています。


ただ、書類審査などを一切行わない「面接一本勝負」なのですから、楽しいだけで終わるわけにはいきません。

採用側としては、面接に来た人にリラックスした状態で臨んでもらうことで、その人の〝素〟や〝個性〟を見極めるという狙いがあります。

このような工夫は、あなたの会社の面接でもすぐに取り入れられるのではないでしょうか。

スーツ着用を義務づけ、狭い会議室で尋問のように行うのではなく、服装も髪型も自由で、職場の雰囲気に合った音楽を流しつつ話すなどするほうが、相手がリラックスでき、より人柄が伝わってくるはずです。

採用・RECRUITMENT

求職者もゲストだと思い、丁寧に接する

× 履歴書、書類審査

○ **面接のみで、一人ひとりの求職者とじっくり向き合う**

パークのような
音楽、コスチューム、雰囲気づくりをして迎える

⇩

・企業のビジョンを肌で感じてほしい
・採用されたら、同じようにゲストに接してほしい

How to bring up

その人の素を引き出すために、まずは「服装自由」の面接から。

RECRUITMENT

06

採用

採用から、人材育成は始まっていると考える

もしあなたが採用を任されたとしたら、それは**職場をよくするチャンス**です。

ある程度の規模の企業では、採用と育成はそれぞれ別の部署が担当し、いわゆる縦割りで行うのが通例です。その構造により情報伝達がうまくいかず、採用時と育成時の一貫性が保てずに失敗するケースは後を絶ちません。

しかし、店舗やチームといった比較的小規模の採用であれば、採用も育成もリーダー自ら担当するケースが多いと思います。そうして自らが一貫性を持って臨めるからこそ、本当に必要な人材をピンポイントにとり、うまく育てることができるのです。そういった意味では、**人材育成というのは採用の段階から始まっている**、といえるでしょう。

私は人事部にいた頃、採用を担当したことがありました。ディズニーでは、大企業

にはめずらしく、採用と育成が縦割りになってはいません。私も採用に関する企画、調査、採用とその後の育成プラン立案まで、幅広く行うことを求められました。

そうした経験からわかったのは、ディズニーでは、**現場でどういう人がほしいか、**ということをもっとも重視するということです。

ディズニーでは、**現場でインタビューを重ねて、どういう人がほしいのか聞いて、みんなで議論**します。すなわち採用が人事部だけでは完結せず、複眼的な視点で行われているのです。

冒頭に、採用を担当するのは職場全体をよくするチャンスであると述べましたが、実はこの「現場との議論」こそが職場を変えるきっかけのひとつとなります。

人が足りないということは、そこになんらかの課題があります。逆にいえば、業務が順調に回っていれば、人を採用する必要はないでしょう。いわば課題を解決するための策として採用があるわけですが、より適した人材を選ぶために現場の声をたくさん拾う中で、その現場が置かれている状況や、その業務が売り上げに与える影響、各メンバーの仕事の進め方など、さまざまなものが見えてくると思います。
それはすなわち、職場の現状を改めて俯瞰していく作業に他ならず、その中で別の課題が見つかることも多く、改善すれば職場がよくなる、というわけです。

ただし、採用の本番はもちろん面接ですから、そこにもきちんと力を入れなければいけません。

私が採用の際に意識していたのは、「**ホスピタリティ力のある人を獲得する**」ということでした。これはあらゆる仕事に通じることだと思います。

ホスピタリティ力を見抜くためには、質問を工夫する必要があります。「**家族を喜ばせた経験はありますか**」など、身近なところでいかにホスピタリティが発揮できているかを聞くことです。また、会話だけではなく行動にも、ホスピタリティはあらわれます。

帰り際に、椅子を引いたまま戻さなかったり、ドアを開け放していったりする人には、残念ながらホスピタリティは期待できません。こうした目配りもまた、採用のポイントといえるでしょう。

採用・RECRUITMENT

採用は現場の課題と直結している。人事だけで進めない

配属現場の意見をよく聞いて
必要な人材を採用する

「ホスピタリティ力のある人」
を採用するには

⇩

質問の工夫と、
しぐさの観察が必要

How to bring up

「家族を喜ばせた経験はある？」と
聞いてみよう。

RECRUITMENT

07

採用

面接では、あえて挫折経験を聞いてみる

採用というのは、人的資源管理のための最初の一歩。組織づくりのうえで極めて重要なイベントであるといえます。

では、面接においては、相手のどこを見るべきなのか。私のディズニー人事部時代の経験からいうと、特に見るべきは以下の３つです。

①「**興味**」
②「**能力**」
③「**価値観**」

これらを引き出すために、採用担当者はさまざまな質問を投げかけ、自らの組織にふさわしいかを見極めていく必要があります。

一般的に面接において、採用担当者は「自社に入ったらなにをしたいか」「あなたがもっともがんばってきたことはなにか」というような、将来のビジョンや、ポジティブな質問を多くする傾向があります。

それも確かに必要なのですが、あえて挫折経験や失敗経験を聞くことで、相手の本質がより浮かび上がることがあります。

一例として、Google社の面接で実際にあった質問を紹介します。

「他人とうまく協働できなかった時のことを聞かせてください。あなたからみてその人とともに働くのが難しかった理由はなんですか？」「問題を解決するためにどんな手順をふみましたか？　その結果はどうでしたか？　他にどんなことができたと思いますか？」

これら一連の質問を通じ、**人間関係における価値観や、問題解決能力、フィードバックと修正の手法**といったさまざまなことがわかります。

ディズニーにおいても、最終面接で挫折経験を聞くということを行っていました。

私自身、オリエンタルランドの最終面接で「**あなたにとって最大の挫折経験はなんで**

すか」と聞かれたことがありました。

実は、その時私は「父の事業の失敗により夜逃げをした」という過去を告白しました。企業の与信調査においては、かなりのマイナスとされる事項です。ようやく進めた最終面接の機会……。

少しだけ迷いましたが、私はそこで開き直って、苦労をどう乗り越えたか包み隠さず話しました。そして「最終面接まで進んだことが私にとっては奇跡で、ここで落とされても悔いはありません」と伝えました。

それを聞いた面接官は、しばしの沈黙ののち、**「ウォルト・ディズニーが苦学生だったことを知っていますか」**と言いました。

「彼の父も事業に失敗していて、ウォルトも子どもらしい子ども時代を過ごせませんでした。それが彼の原動力となり、子どもに夢を与える場所をつくったんです」

この面接官との出会いがなければ、私の人生は大きく変わっていたはずです。もしあなたが採用担当になったら、その人の本質と向き合いながら、誇りを持って真摯に取り組んでほしいと思います。

採用・RECRUITMENT

求職者の本質が浮かび上がる質問をする

ディズニー人事部時代に大切にしていたこと

求職者の
- ①「興味」
- ②「能力」
- ③「価値観」

質問 **「挫折経験や失敗経験を教えてください」**

⇩

人間関係における価値観や、問題解決能力、
フィードバックと修正の手法が見えてくる

| How to bring up |

失敗談と、それをどのように乗り越えたのか聞いてみよう。

CHAPTER

2

Change within 3 days
how to bring up a subordinate of
the Disney way

褒める、叱るだけじゃない、気持ちが通じる伝え方

《コミュニケーション編》

COMMUNICATE
08
伝える

「おはよう」「お疲れさま」以外の言葉をかける

私はディズニーの研修などで、たくさんの管理職に対して、コミュニケーションに関するアドバイスを行ってきました。その経験からいえるのは、「積極的にメンバーに話しかけている」というリーダーでも、本質的なコミュニケーションが取れていない人が多い、ということです。

その理由は、**コミュニケーションの「深度」**にあります。

コミュニケーションには、大きくいうと**4つのレベル**が存在します。

レベル1「**挨拶**」：「おはよう」「お疲れさま」などの声かけ
レベル2「**事実**」：「あの企画書はどうなった？」など仕事上の進捗を尋ねる
レベル3「**信条**」：「今までないものをつくろう」など自分のこだわりを伝える
レベル4「**感情**」：「不安はよくわかる」「信じている」など相手の感情に訴える

多くのリーダーは、レベル1～2のコミュニケーションしか取っていません。挨拶や事実確認で終わらず、信条や感情を共有できるリーダーに対して、メンバーは初めて心を開きます。これは、友人や恋人などあらゆる人間関係に当てはまるのではないでしょうか。

私がディズニーの商品開発部にいて、花形のひとつであった繊維雑貨を担当していた時のこと。自らが手掛けたぬいぐるみつきクッションや抱き枕がヒットし、売り上げ120%増を達成し続けていた最中、リーダーから呼ばれました。

「繊維雑貨から、化粧雑貨に担当を変わってくれないか」

化粧雑貨は、繊維雑貨よりもはるかに売り上げが小さく、見方によってはマイナス評価による担当替えともとらえられます。実際に私もそう感じ、大いにショックを受けました。しかし続けて、リーダーはこう言いました。

「確かに化粧雑貨は、売り上げは低い。だから、私はもし櫻井さんが担当しても伸びないようであれば、ディズニーランドからアイテムごとなくそうと考えている。櫻井さんはこれまで、改革心を持って自由にのびのび仕事をして、成果を出してきた。だから前任者のやり方にこだわることなく、アイテム構成から取引先の選定まで、全部自由にやってみてほしい。私はきっと、化粧雑貨が繊維雑貨並みの売り上げを誇るカテゴリーへと変わると、信じています」

その日のうちに、私は化粧雑貨の店舗を見に行き、香水やアロマテラピーの勉強をするべきだと感じました。翌日は書店に行き、アロマテラピーの検定本を買って勉強を始めました。リーダーの「信条」が伝わり「感情」が動かされ、やる気に火がついたのです。

結果的に私は、化粧雑貨のヘアアクセサリーのカテゴリーにあたる「**ファンカチューシャ**」を開発し、ヒット商品へと育てることができたのですが、これもリーダーのコミュニケーション能力があってこそといえるかもしれません。

このように、**会話においてもレベル3〜4のコミュニケーションを取ること**を心がけると、信頼感が増し、メンバーとの人間関係はうまくいくようになります。

実践するにあたってまず考えるべきは、自分の話す内容を相手がどのように受け止め、感じるかを想像することです。そのうえで信条を示し、相手の疑問を解消し、不安な気持ちには共感しつつ、前向きな言葉をかけるといいでしょう。

伝える・COMMUNICATE

リーダーのコミュニケーションレベルが信頼関係を左右する

コミュニケーションの「深度」がメンバーの心を変える

・レベル１「**挨拶**」：
「おはよう」「お疲れさま」などの声かけ
・レベル２「**事実**」：
「あの企画書はどうなった？」など仕事上の進捗を尋ねる
・レベル３「**信条**」：
「今までないものをつくろう」など自分のこだわりを伝える
・レベル４「**感情**」：
「不安はよくわかる」「信じている」など相手の感情に訴える

⇩

レベル３、４の会話を意識して増やす

How to bring up

「信じているから」と、照れずに言ってみよう。

COMMUNICATE

09

伝える

頼みごとをする時は、理由も添える

メンバーに仕事を頼む際、忙しい時などは特に、指示だけを伝えて終わらせがちではないでしょうか。もしそこでメンバーが「この作業はなんのためですか」と聞いてきても、「とりあえずやろう」などと言ってしまっていませんか。

それでは、メンバーはなかなか成長しません。

メンバーはそのうち自発的に考えることを止めて指示待ちの人間になるか、あるいは「押しつけられてばかりいる」と不満を持ち、あなたのもとを去っていってしまいます。

ディズニーでは、キャストのモチベーションをなによりも大切にしています。だからキャストに対し、指示を押しつけ、頭ごなしに従わせるようなことは行いません。どうやって指示を出しているかといえば、必ずその行動の裏にある、理由も合わせて伝えるようにしています。

たとえば、キャストの立ち姿に関しては「肩、腰、膝、くるぶしが一直線になるように立つ」ことが推奨されています。その理由は、そう立つことがもっとも体が疲れず、笑顔でいられるからです。またパーク内の清掃を担当するカストーディアルキャストは、「チリトリは、腰骨のあたりにつけて持ちましょう」と先輩から教わります。なぜかといえば、走ってきた子どもにチリトリが当たることを防ぐためです。

このようにルールや指示というのは、その裏に必ず理由があるはずです。それを合わせて伝えることで、メンバーも納得してそれに従うことができるのです。

アメリカの心理学者エドワード・デシは、リーダーはメンバーの「**内発的な欲求**」を満たすことがモチベーションアップにつながると説いています。

この内発的な欲求を要約すると、次の3つとなります。

①「**自律性の欲求**」
②「**有能さへの欲求**」
③「**関係性の欲求**」

これらを満たすことを意識すると、メンバーのモチベーションをどんどん高めることができるはずです。

では、具体的にどのようなことを意識すればいいか。冒頭で登場した、「**指示する時には理由を添える**」というのは、本人が納得したうえで行動してもらうための手法であり、「**自律性の欲求**」を満たします。その他に、モチベーションアップにつながるノウハウとして、「うまく目標設定を行う」ということがあります。

まず、できるだけ**具体的に目標を設定すること**で、それを達成したいという「**有能さへの欲求**」が刺激されます。「今期の目標は〇〇円で、あと〇〇円で達成できるから、がんばろう」というように、数字や事実などで明確に伝える必要があります。なお、**目標は簡単にクリアできるものではなく、少し高めに設定する**と「**有能さへの欲求**」がより高まります。

さらに、この目標を本人に定めてもらうように計らうことができれば、「自律性の欲求」を満たすことにつながります。また、**目標を仲間の前であらかじめ発表する**ことで「**関係性の欲求**」も上がります。これらをうまく組み合わせれば、あなたのメンバーもディズニーのキャストのようにモチベーション高く働いてくれるでしょう。

伝える・COMMUNICATE

3つの内発的欲求を意識して、メンバーに「納得感」を持たせる

内発的な欲求を満たせば、メンバーが自発的に動く

◎自分の意思で自発的に行動を決定したい
→「**自律性の欲求**」
◎自分の持つ能力を発揮して目標を達成したい
→「**有能さへの欲求**」
◎周囲との結びつきを得、自分の価値を認められたい
→「**関係性の欲求**」

| How to bring up |

指示には必ず理由を添えて、ちょっと高めの目標を、具体的に立てよう。

COMMUNICATE

10

伝える

メンバー全員に、すべての商品を使ってもらう

仕事において、スペシャリストを目指すなら、自分の領域だけを徹底追求する、という姿勢でもやっていけるかもしれません。

しかし、サービス業を筆頭に、お客様と接する仕事ではそうはいきません。

たとえばスーツ売り場には、男性用、女性用、ワイシャツ、その他の服飾品などが売られていますが、それらのアイテムにはそれぞれ仕入れ担当がいて、自らの商品には精通しているはずです。

しかし、そのお店を訪れたお客様にとっては、誰がなんの担当なのかは、関係ありません。質問をした時に、「担当者がいないので、よくわかりません」「今呼んできますのでお待ちください」では、困ってしまいます。

ディズニーのキャストたちも、どこの担当であろうがあらゆることを聞かれます。商品施設にいても、レストランのメニューやショーの内容を尋ねられるのは日常茶飯事です。しかしそこで、「わかりません」と答えるキャストはまずいません。ほとんどのキャストが、ディズニーのパーク内のあらゆる情報を知っているからです。

どうやってそのような徹底した教育が行われているのかといえば、実は非常にシンプルです。キャストたちは、季節ごとに変わるものを含めすべてのパレードやショーを鑑賞し、あらゆる商品やレストランのメニューを試食しているのです。

こうした体験を通じて、**情報が知識としてしっかり身につき、お客様に自分の言葉で、魅力を語ることができる**ようになります。

とはいえ、1万8000人いるキャストたちに、短いサイクルで新しいものが出るたびにそれを無料で配布するわけですから、経営的には非常にコストがかさみます。ゲストのハピネスがいちばん、という確固たる信念があってこその教育スタイルかもしれません。

さらにディズニーは、ただ体験させるだけにとどめません。

私が商品開発部にいた時、売り上げをつくっている開発者はみな、店舗のキャストの意見を大切にして、よく取り入れていました。

試食した際の感想を聞くのはもちろん、販売後も「ゲストからはよく質問があるのは○○です」「過去の商品で○○を再販してほしいというコメントが多いです」など、キャストから生きた情報を得て、商品開発に生かしていました。実際に、**香水や抱き枕など、キャストの意見をもとにつくられた商品**は多くあります。

こうした「**現場からの意見**」を販売方法や商品開発に生かすというのは、ある意味ではマーケティングの基本ですが、それを実践できていないところが意外に多くあるように感じます。それではまさに、宝の持ち腐れです。

リーダー自らが現場に足を運び、その都度メンバーとコミュニケーションを取って、生きた情報を聞き出すといいでしょう。

現場に足を運ぶことで、お客様の動向を観察することもできます。忙しくてどうしても現場に出られないなら、せめて日報などを使い、現場の意見を吸い上げるしくみをつくりましょう。その際のポイントは、メンバーたちに「**消費者目線で、なにが求められているかが知りたい**」と明確に伝えておくことです。

伝える・COMMUNICATE

コストよりも、お客様のハピネスを優先

リーダーだけではなく、チーム全員が商品・サービスをすべて体験する

お客様からの要望、疑問……

⇩

現場からの意見を販売方法や商品開発に生かし
ヒット商品に

How to bring up

月に一度、全員で新商品を体験する機会をつくろう。

COMMUNICATE 11

伝える

「これをやろう」から、「これだけはやめよう」へ

お客様と日々接する中で、必ず起きてくるのが「クレーム」です。完璧な人間がいないように、完璧なシステムや組織もまた存在せず、それゆえ商売にクレームはつきものであるといえます。

ファンが数多く集まるディズニーにおいても、やはりクレームは存在します。ちなみにディズニーではクレームという言葉は使わず、「**ご意見**」と言っています。

「商品が品切れになっていた」「料理が少し冷めていた」……。ディズニーに届くご意見のほとんどは、実は非常に基本的なことです。しかし考えようによっては、個人の見解が全面に出ているテクニカルなご意見よりも、**基本的なことができていないというご意見のほうが問題の根が深い**といえます。

ディズニーのキャストたちは、現場で起こった出来事を「**ログノート**」として記録

しています。ここには、ご意見だけではなく、賛辞も併せて記されています。その他に、日々のサービスの中で感じたことや、もっと工夫できそうな点など、自由に書き記すことが許されています。

管理者は出勤後、必ずログノートに目を通し、コメントを残すようにしています。そして、ここで明らかになったご意見や賛辞に関しては、すぐに社内で共有するしくみとなっています。ご意見は、社員向けのCS（顧客満足）のイントラネットに掲載され、また管理職向けの研修の場で、再発防止に向けた対応の仕方などを、CS部門が徹底して指導しています。こうしてご意見を社員がすぐに共有し、改善することができれば、ディズニーのテーマパークのホスピタリティが保たれることになります。ホスピタリティを上げる施策も確かに大切なのですが、それにばかり気を取られていて、今までできていたことができなくなっては本末転倒です。

また、ご意見に対して必要とあらばすぐに改善するだけでなく、「**どのように改善するのがベストか**」を徹底して考えるのも、ディズニー流です。私が新入社員の頃、副社長から「ディズニーと他の施設の圧倒的な違いは、ゲストの気持ちを大切にした対策をすること」と教わりました。

たとえば、ディズニーシーのメディテレーニアンハーバーの海上ショーにおいて、「車椅子だと、ちょうど目線の高さに柵があって、ショーが見づらい」というご意見を頂戴しました。そこで、「では柵を下げよう」と考えるのは当然、早計です。ショーが開催される時間帯以外での安全面を考えたうえで、柵はその高さになっているからです。一方で、お客様のご意見には真摯に対応しなければいけない。最終的に、柵を開閉式にして、ショーの間だけ開けることになりました。

しかも柵を開けるのは、ショーに参加しているキャストです。まるで舞台から降りてきたような演出となり、ディズニーらしい夢のある解決法になりました。

あなたの職場でも、ご意見はこまめに記録するとともに、具体的な改善点を現場内で議論する場をつくってはどうでしょう。ポイントは、**再発防止にむけてのベストなアクションまで決める**ことです。

「守ること」を多く並べるより、「**これだけはやらない**」という発想からサービスを考えてみると、チームがより効率的に、自立できるといえるでしょう。

伝える・COMMUNICATE

やらないことを決めるだけで
チームが自立する

ご意見は、基礎を見直すチャンス

⇩

「ログノート」

……改善できそうなことを誰でも書ける

情報を記録、共有、議論するしくみをつくり、
どんな対策がゲストにとってベストか
みんなで考える

| How to bring up |

「ゴール」と「NG」だけを伝えて、
あとは行動を見守ろう。

COMMUNICATE
12
伝える

まずは感謝してから、言いたいことを伝える

メンバーに対して仕事を教える必要がある時、あなたはどんなことを意識しているでしょうか。

一から十まで懇切丁寧に教えるか、それとも自らが一度実践してから、メンバーにそれを真似てもらうか……。教え方は人それぞれだと思いますが、どういう行動を取るかでメンバーの成長度合いが変わってきます。

たとえどんなに忙しくとも、もっともやってはいけないのは、「自分でやったほうが早い」といって、結局はメンバーの仕事を肩代わりしてしまうことです。当然ながらそれではメンバーは育ちません。

やはりどうにかして、メンバーに仕事を覚えてもらう必要があるわけですが、その際のポイントとなるのは、**メンバーのほうから積極的に「仕事を覚えよう」**と思って

もらえるかどうかです。

ディズニーでは、新人キャストに対してはトレーナーがついて教育を行います。トレーナーとなるのは現役で活躍するキャストたちであり、先輩が後輩を教えるしくみとなっています。

さらにこのトレーナーを育成するための研修も存在し、私は人事部時代にその研修を担当していたことがありました。

その際、未来のトレーナーたちに必ず伝えていたのは「**自分のやりかたがすべてだとは思わないでほしい**」ということでした。

接客マニュアルの存在しないディズニーでは、トレーナーは基本的に自分の経験や体験をもとに、仕事のやり方を教えていきます。その際には、どうしても自分のやり方を「正解」として相手に押しつけてしまいがちです。

しかし、物事に対する価値観や、とらえ方、覚え方というのは人それぞれ違います。自分にとってもっともいいやり方だったことが、あらゆる人にとって同じようにしっくりくるかといえば、そうはならないのです。

大切なのは、自分ではなくまず相手を基準として、相手にとってベストなやり方を、一緒になって見出していくことです。

後輩が、言葉よりもビジュアルのほうが理解しやすいタイプであれば、時に絵や図を描いてノウハウを伝えている先輩キャストもいました。

そのようにして納得してもらうことが、メンバーが自発的に仕事を覚えようと考えるようになるための第一歩です。

そして、さらなるやる気を引き出すためにディズニーで実践されているのは、「**まず感謝してから、その後に言いたいことを伝える**」ということです。

最初に「今日は○○してくれて助かった、ありがとう」「いつも○○を丁寧にやってくれるから、安心して仕事を任せられる」といったように、メンバーを肯定する言葉をかけます。

そのうえで「実は新たに覚えてほしい仕事があって……」というように切り出します。自分を認めてくれるリーダーに対して、メンバーは心を開きやすいもの。その後の言葉にも、きっと素直に耳を傾けてくれるでしょう。

伝える・COMMUNICATE

肯定から入り、素直に聞く姿勢を引き出す

物事に対する価値観、とらえ方、覚え方は人それぞれ

⇩

自分ではなく相手を基準にベストな教え方を一緒に探す

口頭、文書、絵や図を描くなど
一人ひとりに合わせた伝え方を

How to bring up

メンバーに、まずは「ありがとう」と言ってから。

COMMUNICATE

13

伝える

万人向けならシンプルに伝え、個人向けは相手に合わせる

確かにメンバーに指示を出したはずなのに、それがうまく伝わっておらず、仕事が滞っていた、という経験をした人は多いと思います。

いくらあなたが実務に強くとも、ひとりで上げられる成果には限界があり、だからこそ組織やチームで行動するわけですが、そこで重要になってくるのが、「伝え方」です。

どんなに優れた能力の持ち主でも、自らの考えをメンバーにうまく伝えることができなければ、組織として成果を上げることはできません。

ディズニーのキャストには、18歳から60歳以上のシニアまで、さまざまな人材がいます。だから全体に向けて発せられるメッセージは、誰もがわかるように、とにかく

シンプルになっています。

あえて複雑な行動マニュアルを設けず、たった4つの行動基準「SCSE」だけを浸透させているのは、その典型といえるでしょう。

また、優れたトレーナーを見ていて感じるのは、**できるだけやさしい言葉を用い、誰にでも届く具体的な指示を出している**、ということです。

たとえば、「よい姿勢を保ちましょう」と伝えても、なかなかみんな同じような姿勢にはなりません。なぜなら、人によって「よい姿勢」のとらえ方が違うからです。それよりも「**背筋を伸ばし、お腹を凹ませて立ちましょう**」と具体的に示したほうが、誰もがすぐに理解できます。

そして、あらゆる層に有効なのは、**身振り手振り**を交えて話すことです。情景を描写したり、数や方向をあらわしたり、ポイントを強調したりする時には、意図的にアクションを交えると、より相手に届きやすくなります。

こうした「誰が聞いてもわかる」という万人向けの伝え方は、**組織やチーム全体にメッセージを発する際に有効**に機能します。

もうひとつ、伝える際に工夫がいるのは、「**その人がより理解を深める**」ための、個人に向けた伝え方です。

メンバーひとりに対しなにかを伝える際には、その人の知識や経験、レベルに合わせ、もっとも伝わる言語や内容を選ばねばなりません。

そのために重要なのは、メンバー各人について理解することです。褒めて伸びるタイプ、緊張感を与えるほうがいいタイプ……さまざまなメンバーがいると思います。メンバーたちをしっかり観察したうえで、得手不得手はもちろん、論理派か行動派か、ポジティブかネガティブかといった内面まで考慮してから、伝え方を決めるといいでしょう。

また、伝えるべきことのロジックをきちんと整えておくことも大切です。人が納得して動くには、その内容が理にかなっているかどうかが重要になります。伝えるべきことの根拠は、明確に持っておくべきです。

そして、「**何度か繰り返して伝える**」というスタンスで、相手の反応を見ながら丁寧に伝えることで、コミュニケーションの精度を高めるようにしましょう。

伝える・COMMUNICATE

相手に合わせた ベストな伝え方を見極める

万人向け

大勢に浸透させたい情報は、やさしい言葉でシンプルに
「非言語コミュニケーション」も活用

個人向け

論理派 or 行動派？
ポジティブ or ネガティブ？
その人の個性に合わせて伝え方を変える

How to bring up

身振り、手振りをしながら、
専門用語を使わずに話そう。

COMMUNICATE

14

伝える

メンバーそれぞれを、仕事の「主役」にする

現在、ディズニーのキャストたちのホスピタリティ力の高さを示すエピソードは、広く知られるようになっています。水とほうきで地面に絵を描いたり、パントマイムをしたりするカストーディアルキャストの例などは、その最たるものではないでしょうか。

確かにこうした「特別な技術」を持っているキャストは、それぞれの特技をうまく使って、ゲストにハピネスをもたらしています。

しかし、こうしたキャストは実はほんの一握り。大半は、こうした一芸を持ってはいない、普通の人々です。

なのになぜ、ディズニー全体のホスピタリティ力が高いといわれてきたのかといえば、誰もが目を留めるような特別なことをせずとも、ゲストを笑顔に変えることがで

きるからです。

あるキャストが、子どもにトイレの場所を尋ねられました。場所を教え、トイレまで案内するというのが通常の対応でしょうが、そのキャストは「こっちだよ！」と、子どもと手をつないで案内しました。

子どもからすれば、「優しいお兄さんに手をひいてもらった」ということが、**非日常の思い出**になり、トイレから帰ってきた時は満面の笑みでした。

また、60代の女性キャストは、妊娠していてお腹の大きなゲストに対し、「安産のお守りです」と言ってプルートのシールを渡しました。

プルートは、ミッキーマウスのペットの犬のキャラクターです。そして犬というのは、昔から安産祈願の守り神として祀られてきました。こうした伝統は、今の若い世代はなかなか知らないでしょうから、**シニアキャストならではの心くばり**といえるかもしれません。

プルートのシールをもらい、その意味を知った妊婦のゲストはとても感激したそうです。

こうした事例は本当にたくさんあり、絵の才やダンスといった目立つ特技がなくても、それぞれができることで十分にゲストを感動させられるといえます。

どんな職業においても、同じようなことができると思います。

ただし、ひとつ注意しなければならないのは、「お客様を感動させよう」というスタンスでなにかを行うのは、控えたほうがいいということです。故意に人を感動させるというのは、一流のパフォーマーでも難しいもの。それこそ誰もができることではありません。

ディズニーのキャストたちは、初めから「感動させたい」と狙ってやっているわけではありません。「ゲストを少しでもハッピーに」という自らの使命感にしたがって、純粋に、ひたむきに行動した結果、感動を生んでいるのです。

メンバーに対しては、「**自分の仕事の主役は自分。お客様のことを第一に考え、なにができるか考えよう**」という原点を徹底して伝えることです。

そうした姿勢でいるからこそ、なにげないやりとりで感動を生むことができるのだと、信じさせてほしいと思います。

伝える・COMMUNICATE

経験や年齢、職種にかかわらず、誰もが「主役」であると伝える

特別なこと、目立つことをしなくても、相手のための行動はとれる

⇩

お客様のことを第一に考え、
なにができるか考える

なにげないやりとりが感動を呼ぶ

How to bring up

お客様の前に、身近なメンバーひとりを、喜ばせてみよう。

COMMUNICATE
15
伝える

「すべてのゲストがVIP」だと、肌で体験させる

ディズニーには、「障がい者割引」がないことを、ご存じでしょうか。

全国にあるテーマパークやアミューズメント施設の数多くは、障がい者割引を実施しています。ホスピタリティで注目を集めているディズニーのパークで、それがないというのは、少し意外な気がするかと思います。

もちろんそれには、わけがあります。その根底にある価値観をあらわしているのが、ウォルト・ディズニーの次のような教えです。


「私たちは王様や女王様をもてなすことが好きだ。しかしここではすべての人がVIPなんだ」

パーク内では、あらゆるゲストは平等です。年齢も、国籍も、障がいのあるなしも関係なく、すべてのゲストをＶＩＰとしてもてなすというのが、ディズニーのポリシーとなっているのです。

障がいをお持ちの方でも他のゲストと同じように楽しんでもらうため、ディズニーでは国の基準よりはるかに高い独自の基準を設け、バリアフリー化を行っています。身体機能が低下している方へのサポート、食事制限がある方への細かなメニュー対応など、安心して楽しめるよう、万全の体制が取られています。

こうしたハード面の工夫に、キャストたちの心からのゲスト対応が加わった結果、ディズニーのバリアフリーは完成します。そのためキャストたちは、実際に目隠しをして歩いたり、車椅子に乗ったりするなど、障がいをお持ちの方の心に寄り添うためのトレーニングを欠かしません。

メンバーに対し、こうして障がい者への区別や特別視をなくし、すべてのお客様をＶＩＰとして考えてもらうためにはどうしたらいいかといえば、**体験させること**につきます。

私が大学で教鞭をとっているのは、ホスピタリティを学ぶ学部です。「車椅子への対応」というひとつのテーマでの学びを行った時には、学生たちを「車椅子のマラソン大会」のボランティア活動に連れて行きました。

その場では、**健常者のほうがマイノリティ**。区別や特別視などは当然ありません。先天的な障がいの持ち主より、後天的に車椅子になった人が多いことに、学生たちは驚いていました。「自分にも同じことが起こりうる」という可能性を、肌で感じたのでしょう。

こうした体験の後、ある学生は「体が不自由な人たちは特別な存在で、お手伝いをして〝あげる〟ものと思っていたけれど、それ自体が傲慢なことでした」と感想を述べてくれましたが、まさにその通りです。

あなたの職場でも〝やってあげている〟と考えるメンバーをできる限り減らすことができれば、さまざまな立場のお客様にとって、心地いい商品・サービスを提供できるように変わるはずです。

チームみんなでできるボランティア活動を持ちかけるなど、意識を変えるきっかけをつくってはどうでしょう。

伝える・COMMUNICATE

あらゆるお客様を積極的に知ろうとすることが大切

障がい者の気持ちに寄り添わないと、
心の壁は越えられない

⇩

立場によって、
必要な商品・サービスは変わる

固定概念を変えるきっかけを
リーダーが積極的につくる

How to bring up

チームみんなで、地域の
ボランティア活動に参加してみよう。

PRAISE 16

褒める

「その場」と「後日」、2回褒める

どんな人でも、仕事のモチベーションを常に保ち続けるのは難しいものです。あなたのメンバーも、きっと「やる気が出ない」「飽きた」と感じることがあるでしょう。そうした状況になっても、やはり仕事に前向きに取り組んでもらうためには、職場環境が重要になってきます。ポジティブな雰囲気があふれる職場では、たとえ始業前には気分が乗らなくとも、いざ仕事を始めれば、職場の雰囲気に引っ張られてモチベーションが自然に上がっていきます。

いかにしてポジティブな雰囲気を醸成するかといえば、もっとも効果がある手法のひとつとして、「**褒め合う文化をつくること**」があります。

ディズニーでは、褒め合う文化の醸成にずっと力を入れてきており、そのための仕掛けをいくつも導入しています。

代表的なところでは、**管理職がキャストを褒めるためのカード**があります。管理職はこのカードを常に持ち歩いて、ゲストに対し素晴らしいホスピタリティを発揮した場面に遭遇した時などに、キャストへ直接、このカードを手渡します。

このカードには、「どんなところがよかったのか」という具体的なポイントと賞賛のメッセージを記載することになっています。キャストにとっては、自らのよいパフォーマンスをその場で認めてもらえ、とても励みになります。

そして、このカードを受け取ったキャストは、年4回程度パークで開かれるパーティーに参加する資格が得られます。パーティー当日、ホストとなってキャストをもてなすのは、管理職の面々。彼らは立場や役職をリセットして全力でホスト役に徹するので、毎回大いに盛り上がります。

その他には、年に一度、キャスト同士の投票によって行動基準である「SCSE」を実践しているベストキャストを選び、授与式を行います。投票用紙には**「相手のなにがよかったか」という具体的な指摘と賛辞のメッセージ**が書かれ、それが本人に手渡されます。

こうして互いを認め合うしくみと、努力を「褒められる」機会がいくつもあることで、キャストのモチベーションの低下を抑え、いつもフレッシュな気持ちで仕事ができるようになっているのです。

あなたの職場でも、「褒めること」を推奨し、ディズニーのようなしくみをつくることは可能なはずです。その際のポイントは、**なにがよかったかという具体的な点が、メンバーに伝わるような形に**しておくことです。

日常においても同じことがいえるのですが、ただ「よかった」「さすが」とだけ褒めていても、メンバーによっては「持ち上げられている」と感じ、信用されないことがあります。だからこそ、具体性が大事なのです。

また、個人を褒める際のコツとしては、その場ですぐ褒めるのに加え、後日の朝礼や全社会議など、みんなの前でもう1回評価し、少なくても2回は褒めたいところ。

本人のモチベーションが高まるとともに、他のメンバーに成功事例を共有できることにもなって一石二鳥です。

褒める・PRAISE

「褒め合う文化」が、ポジティブな雰囲気のチームをつくる

「一対一で」「みんなの前で」
２回評価する

モチベーションの低下やマンネリ化を防ぎ、成功事例の共有にもなる

「なにがよかったか」を
具体的に褒めるのがディズニー流

How to bring up

今日のメンバーのいいところを、
具体的に褒めてみよう。

ENCOURAGE

17

励ます

元気がないメンバーには、最優先で時間を割く

チームというのは、意外に繊細なものです。たとえば、ひとりが落ち込んでいるだけで全体の士気が下がったり、ひとつのミスで空気が悪くなったりします。

これはむしろ、よくコミュニケーションが取れていて一体感がある、「いいチーム」であるほど当てはまり、些細なきっかけでチーム力が大きく落ちる可能性が潜んでいます。それを防ぐのが、チームリーダーの役割です。

ディズニーでは、「褒め合う文化」があって互いをリスペクトしている人が多いせいもあってか、メンバー同士の仲がよく、コミュニケーションも取れています。しかしだからこそ、前述のような繊細さを併せ持っていました。

いつも明るくいきいきと見えるディズニーのキャストたちも人間ですから、疲れている時や元気がない日はあります。

そうした際に、ディズニーの「優れたリーダー」は、とにかくすぐにケアをしていたのがとても印象的でした。

実際に私も、何度も温かい言葉をかけられ、救われました。

納得のいかないことが重なり、体調不良もあって、気持ちが落ち込んでしまった翌日のこと。重い身体を引きずって出社した私がパソコンを立ち上げると、リーダーからの1通のメールが届いていました。

「もしあなたが椅子から転げ落ちそうになっているのなら、落ちないように支えるのが、私の役目です。扉はいつでも開いています。お声がけください」

誰にも相談できず、悩んでいることをリーダーは見抜いて、相談のきっかけをつくってくれたのでした。

また、仲間たちからも大いに励まされました。

商品開発部に異動したばかりで、仕事のコツもわからず、ヒット商品がなかなか出ずに焦っていた時。せめてできることをやろうと思い、毎朝早く出社して共同スペースの水回りを磨いていました。

すると仲間が、「いつもきれいにしてくれてありがとう。その心掛けがいつか商品開発にも生かされます」と声をかけてくれ、思わず涙を流したことがありました。

人を導く立場になってからも、メンバーの様子には常に気を配り、必要な時にすぐサポートできるように備えています。おかしいなと感じたら、**できるだけ当日時間をつくり、遅くても翌日までにはアプローチ**するようにしています。

相手がひとりになるタイミングを見計らって声をかけるほうが、話しやすいものですから、時にはそのメンバーの打ち合わせが終わるところで出待ちをして、捕まえたこともありました。


どんなにいいチーム、いい職場で働いていたとしても、人間である以上、ストレスフルな時期や疲れて元気がない時というのは当然出てきます。

リーダーはそれを前提として考え、**日頃からメンバーを観察し、顔色や雰囲気などの変化**に気づかなければいけません。

また、そのメンバーがどんなことでモチベーションが上がるのか、どんな言葉が効果的かなど、特徴を押さえておくのも大切です。

励ます・ENCOURAGE

日頃から一人ひとりの顔色、表情、声のトーンを観察

チームワークのいい組織こそ、
実は傷つきやすいもの

優れたリーダーの共通点
=
とにかくすぐにケア

次の定期面談では遅い。
メンバーの異変を感じたら、
遅くても翌日までにフォローする

How to bring up

いつもとなにか違ったら、
迷わず声をかける。

ENCOURAGE

18

励ます

武勇伝より失敗談が、心に届く

ディズニーの行動基準である「SCSE」のトップにくる、もっとも優先順位が高い項目は「SAFETY」です。現場のあらゆるところで二重三重の安全チェックが行われ、キャストたちも徹底して意識しています。しかし、キャストたちも時には失敗を犯します。

あるキャストが、プライベートで自動車に乗り、物損事故を起こしたことがありました。そのキャストは、ちょうど昇級試験を受けている最中であり、事故を起こして会社にも迷惑をかけたためその試験を辞退し、キャストを辞めることも考えていました。しかし、当時の管理職と面談した際、次のような言葉をかけられて思いとどまったといいます。

「もし会社が、今回の事故を理由にあなたを昇級させないと言うのなら、私も会社を辞めます。リーダーとは、メンバーを守るために存在しています。絶対にそんなことはさせないから、安心して仕事も昇級試験も受け続けてください」

それを聞いたキャストは、涙が止まりませんでした。リーダーの度量の大きさに心を打たれ、今でも「**いつか、あの時のリーダーのような人間になりたい**」と目標にして、一生懸命仕事をしています。

ウォルト・ディズニーは、「**テーマパークは愛から生まれた作品であり、人類全体の心の成長を願いつくったもの**」と考えています。ディズニーの組織にリーダーがメンバーを守る風土があることも理解できるでしょう。

メンバーが失敗を犯した時こそ、リーダーの度量が問われます。その際に、前述のエピソードのような言動をとれるリーダーは、信頼を寄せられる存在となります。

リーダーシップ論において、カリスマ性の高いリーダーの特徴が定義されています。

まず、よりよい未来に進むためのビジョンを持ち、それをメンバーが理解できるよう明確に表現すること。ビジョン達成のためには、自ら高いリスクを取り、時には自己犠牲もいとわないという姿勢を持つこと。

その一方で、環境などの制約やビジョン達成のために必要なリソースについて現実的に評価していること。そしてメンバーの能力をよく理解し、その感情やニーズに敏感に対応することなどです。

では、実際にあなたのメンバーが失敗をしたら、どういう行動を取るべきか。まず、**リスクを冒してでもメンバーを守る姿勢を見せる**のが大切です。そのうえで、メンバーには「自分も、君と同じくらいのキャリアの時、失敗をした。それをこう乗り越えた」というように、失敗談を話すといいでしょう。

組織運営という観点からすると、メンバーが失敗を犯したら、それをメンバーに共有するのが望ましいです。**日頃から失敗を共有できるような環境をつくっておく**ことで、組織風土に隠蔽気質がなくなります。

もうひとつ大切なのは、メンバーのトラブルを自分だけで抱え込みすぎないことです。いくらメンバーを守るといっても、会社の信頼を揺るがすような失態や経営判断が必要なレベルのミスは、ひとりで背負うのは無理があります。

メンバーを守る姿勢はきちんと示す一方で、リーダー自身が、さらに会社や上層部に気軽に相談し、助けを求められるような関係性を築いておくことです。

励ます・ENCOURAGE

「失敗」した時にこそリーダーの度量が問われる

**ディズニーでは、
リーダーがメンバーを守る風土が
根づいている**

⇩

・リーダーがリスクを取る姿勢
・現実的な対応
・メンバーの感情やニーズに応える

失敗やお客様からのご意見は、
隠さず毎日共有できるような環境づくりが大切

How to bring up

**ミスをしたメンバーを守りつつ、
自らの「失敗談」で心を軽くする。**

SCOLD

19

叱る

感情的になったら、その場を6秒離れる

メンバーが仕事で明らかに手を抜いていたり、何度言っても同じミスを繰り返したりすると、イライラしてしまいがちです。時には「なにをやっているんだ！」と怒鳴りたくなることもあるかもしれません。

ただ、そこで怒りをメンバーにぶつけてしまうことだけは、避けるべきです。

喜怒哀楽の中で、もっとも人間関係に直結し、仕事にも影響を与えるのが、怒りの感情です。

自分の怒りは相手の怒りを呼び、たとえその場は相手の行動を是正できたとしても、信頼関係にひびが入ってしまうことが多くあります。

ディズニー時代、たくさんの「優れたリーダー」と会いましたが、本当にいろいろ

なタイプがいました。

物事を注意する際にも、大きな声ではっきりものをいうタイプ、遠回しに伝えて気づきをうながすタイプ、あえて指摘せずに自らやって見せるタイプ……。人それぞれのやり方がありました。

しかし全員に共通していたのは、「**怒りをぶつけない**」ということです。間違っていることがあればきっちりと指摘して対応を求め、反省が見られなければ時には少し強い口調で批判することもありましたが、決して感情に任せて怒鳴るようなことはしませんでした。

これはつまり、優秀なリーダーたちはみな、「**アンガーマネジメント**」ができていたということです。

自らの怒りをコントロールするアンガーマネジメントという概念が一般的になって、しばらく経ちます。アメリカでは数十年前から、経営者やスポーツ選手などの間で、アンガーマネジメントが重要視され、実践されています。

アンガーマネジメントとは、「怒りの感情を持つな」ということとは違います。ディズニーのリーダーたちにしても、人間である以上、怒りの感情がないわけではありません。

自分が時に「怒る」ことを認めたうえで、その感情と上手に付き合っていくというのが、アンガーマネジメントの考え方です。

では、怒りを感じた時に、具体的にどう行動すべきか。即効性のある方法をここで紹介します。

まず、怒りを覚えて怒鳴りつけたいような衝動にかられたら、とりあえずその場から離れ、できれば一人になって気持ちを静めてください。

心理学において、怒りの感情というのは、大きな波となって押し寄せてきますが、そのピークは最大でも6秒程度で去ると考えられています。つまりこの6秒をやり過ごすことができれば、感情的にならずに物事に対処できるのです。

「怒る」と「叱る」は異なります。

「深呼吸」をして冷静になってから、メンバーに原因と解決策を落ち着いて伝えましょう。

叱る・SCOLD

冷静になってから
原因と解決策を導こう

× 「怒る」

怒り手の感情を外に
爆発させること

○ 「叱る」

相手によりよい方法を
教示すること

感情に任せては、一時的に行動を是正できても
信頼関係が築けない

怒りの感情のピークである
6秒をやり過ごす

How to bring up

怒りを感じたら、席を立つ。
メンバーにぶつけない。

SUPPORT 20

サポートする

チーム全体のストレスマネジメントを行う

ディズニーのキャストには、常に自らの役割を演じ続けることが求められます。落ち込んでいても、嫌なことがあっても、それを表に出さずに、笑顔でゲストと相対しなければいけません。

私が見ていてつらかったのは、パーク内が満員になり入場規制をかけにいったキャストが、入場できなかったゲストに大声で怒鳴られていたことです。ディズニーが大好きでキャストになった人であっても、きつい経験だと思います。

こうした対人サービス業は「**感情労働**」と呼ばれ、ストレスがたまりやすい職種のひとつであるといわれています。

ストレスがたまると、人によってさまざまな反応が起きます。不眠、食欲不振、胃痛、イライラ、集中力低下、不安、落ち込み……。これらが仕事の大敵であることは、容易に想像できます。

チームとして常に成果を上げ続けていくためには、**自らはもちろん、メンバーに対してもストレスマネジメントを意識**していく必要があるでしょう。

では、そもそも仕事におけるストレスとはなんなのかといえば、主に次の3つの要因から発生してきます。

①人間関係
②仕事の質
③仕事の量

このいずれでよりストレスがかかるかというのは人によって違いますが、相手のおかれている状況を鑑みつつ考えれば、原因は見えてくるはずです。

ストレスへの対処法は、大きくわけると2つあります。ひとつは、**ストレスの原因となっている問題を解決**すること。もうひとつは、**自分の心や身体を休め、ストレスを発散**することです。

リーダーとしては、問題解決のための働きかけに加え、ストレス発散につながる、以下の「3つのR」の実践をすすめてみてはどうでしょう。忙しい職場では「そんな余裕はない」と思われる人もいるかもしれませんが、限られた人材がストレスでつぶれてしまっては元も子もないはず。早めの対処を心がけるべきです。

◎Rest（休養・睡眠）

「休めない」は黄色信号。仕事をしないと落ち着かず、休暇がストレスになるという状態は危険。そうならないために、休養、睡眠をとる。

◎Relaxation（リラクゼーション）

上手にリラックスするコツは身体から心に働きかけること。ゆっくりした深い呼吸や、アロマテラピー、入浴などで生理的変化が生じ、気分が楽になる。

◎Recreation（運動・旅行・趣味）

運動や趣味、日常から離れての旅行など、精神的緊張を解放してリフレッシュする。

サポートする・SUPPORT

ストレスの「原因の対処」と、「発散サポート」の2WAY

仕事におけるストレスは……

①人間関係
②仕事の質
③仕事の量

「感情労働」と呼ばれる対人サービス業は、
特にストレスマネジメントが重要

3つの「R」で早めにストレスを解放する

◎Rest（休養・睡眠）
◎Relaxation（リラクゼーション）
◎Recreation（運動・旅行・趣味）

How to bring up

リーダーが率先して早く帰り、
休日を満喫しよう。

SUPPORT

21

サポートする

ストレス度合いを「見える化」してチェックする

仕事にストレスはつきものです。あなたを含むほとんどの人が、なんらかのストレスを抱えながら毎日を過ごしていると思います。

問題なのは、その**度合い**です。

軽度であれば、気心知れた仲間とたまに飲みに行ったり、運動をしたりする中で、あまり意識せずともそれなりに解消できます。

ちなみに私の場合、ちょっと気分が乗らない時などには、よく友人とカラオケに行き、ストレスを発散しています。

ただ、ストレスの度合いが重度までいってしまった場合は非常に危険で、最悪の場合、うつ病などの精神疾患の原因となったり、過労死につながったりすることもあります。

傾向としては、**他人に厳しい人ほど、ストレスが溜まりやすい**といえます。そういうタイプは、相手の失敗を忘れることがなかなかできず、自ら嫌な記憶に固執してしまいがちです。

また、正義感の強い人も、ストレスがかかりやすいタイプです。世の中には理不尽なことがたくさんありますが、それらに毎回引っかかってしまうと、なかなか前に進めなくなってしまいます。

リーダーとしては、メンバーに**どれくらいのストレスがかかっているか、その度合いを知っておきたい**ところです。

そのために役立つであろう、簡易なストレスチェックシートを紹介しますので、メンバーにチェックしてもらい、活用してみてください。

そこで、18点以上という結果が出たら要注意です。リーダーのほうからアプローチをして、なんらかの対策を講じる必要があります。

《ストレスチェックシート》

よくある：5点、時々ある：3点、めったにない：0点

1［　］最近何事にも我慢できなくなっている
2［　］必要もないのに時計が気になる
3［　］余裕を持って行動ができない
4［　］理屈の通らない無理な要求をする
5［　］かんしゃくを起こしやすくなったと感じる
6［　］風邪、頭痛、消化不良、下痢、便秘など心身症状がよくあらわれる
7［　］飲みすぎたり、食べすぎたりする
8［　］のんびりすることに抵抗がある
9［　］誰かと会話することが少なくなっている
10［　］生真面目すぎる
11［　］物思いにふけりがちになっている
12［　］すぐ口論になる

サポートする・SUPPORT

メンバーのストレスを測る。大きければ対策が必要

メンバーのストレスを見過ごさない
チーム全体の成果を守る

チェック診断結果
（右ページのストレスチェックの合計が）

7点以下
ストレスはほとんどない

8～17点
なんらかのストレスを抱えている

18～33点
ストレスはやや大きい

34点以上
非常に大きなストレスを抱えている

How to bring up

リーダーもメンバーも、
月に一度はストレスチェック。

IMPRESS

22

印象づける

職場に一歩入る前に口角を上げる

ディズニーのキャストに会った際、ほとんどの方がいい印象を抱くでしょう。

私が大学で学生たちにヒアリングした際にも、キャストのイメージは「親しみやすい」「安心感がある」といった声がかなり多く聞かれました。

その理由はいくつかありますが、やはり印象を大きく左右しているのは見た目です。

まず、**身だしなみが清潔で、自然**であること。前述した通り、ディズニーのキャストは老若男女問わず好感を持ってもらえるように身だしなみを整えています。

そしてもうひとつ重要なのが、**笑顔**です。

「ホーンテッドマンション」「タワー・オブ・テラー」などの、役割として笑ってはならないようなキャストを除き、ほとんどのキャストは、ゲストに笑顔で接します。

見た目に関する有名な研究をご存じでしょうか。

アメリカの心理学者アルバート・メラビアンは、**人の第一印象は約5秒までの間に決定**し、その人の印象として残りやすいと結論づけました。

また、印象のベースとなる情報としては「見た目、表情、しぐさ、視線など」の視覚情報が55％、「声の質と大きさ、話す速さ、口調など」の聴覚情報が38％、「言葉そのものの意味、話の内容など」の言語情報が7％というような割合で決まるとされています。

つまり、第一印象の半分以上は視覚情報で決まり、それを判断する最初の数秒が、その人の印象を左右します。

「**メラビアンの法則**」はいくつかの解釈がありますが、いずれにせよ「見た目」が第一印象を決めることは、間違いありません。

人の視覚情報に直接訴えかけるのが、笑った表情です。

人間は、お母さんのお腹の中にいる時から、微笑みを浮かべることがわかっています。笑顔というのは、いわば本能的に人に備わっているものなのです。

さらに、アメリカのペンシルベニア州立大学での研究では、笑顔でいると、周りの人に好感を与え、親切に見えるだけではなく、能力がある人に映るという結果が出ています。

初対面で自然に微笑めば、それだけで第一印象はかなりよくなります。

店舗など接客の現場は言うに及ばず、職場でも笑顔でいることで、親しみやすさや親切な雰囲気を醸し出すことができます。リーダーもメンバーも笑顔を増やせば、職場環境がぐっとよくなるのは、間違いないでしょう。


ディズニーでは、オンステージとバックステージの扉すべてに、鏡があるのをご存じの人は多いと思います。

身だしなみに乱れがないかはもちろんのこと、鏡に微笑みかけ、口角が上がっているかをチェックしてからゲストの前に出るためです。

まずはあなたから、コミュニケーションツールとして笑顔を意識的に活用してみてはどうでしょう。

印象づける・IMPRESS

意図的に職場の笑顔を増やし、コミュニケーションを円滑に

「メラビアンの法則」

人の第一印象は５秒以内に決まる

年齢や立場が上にいくほど、表情が硬くなりがち。
「笑顔」は好感を与え、親切で能力がある人に映る

「親しみやすさ」は最高のスキル

How to bring up

目が合ったら、そらさない。
リーダーから笑顔を見せる。

IMPRESS

23

印象づける

「役」に応じたファッションを意識する

営業職であったり、店舗での接客業についていたりすると、服装についての意識は高いと思います。しかし彼ら彼女らの多くは、自分の好みでそのような服装をしているわけではなく、プライベートではまったく違った格好を好む人も多いはず。

つまり、「営業」や「店舗スタッフ」という役割を演じるため、それに見合った服装をしているといえます。

ディズニーのキャストたちも、まったく同じで、**役割に応じたコスチューム**を着ています。お店やアトラクションのイメージに合わせた色やデザインは、オンステージをいっそう彩ります。

人の第一印象は5秒以内で決まりますから、ディズニーに限らず、いかにお客様に好印象を与えられるか、企業イメージをプラスに伝えられるか、という面において、ファッションが担う部分というのは、かなり大きいのです。

特に男性の中間管理職においては、「自分はファッションに疎いから」「着心地がよければなんでもいい」と、服装に関してこだわらないという声をよく聞きますが、それはとてももったいないことです。リーダーとしてのファッションを、その**役割に応じてうまく設定できれば、ビジネスにとって非常に有益**なのです。

では、TPOに合わせてどういった色を身につければいいか。スイスの心理学者マックス・ルッシャーは、色が人に大きな影響を与えると説き、それが今では定説となっています。**色と印象の関係**の一例を示しておきます。

赤：積極的、情熱的
青：誠実、知的、自立
黄色：元気、好奇心旺盛
緑：理想主義、平和主義

白：真面目、正義感が強い
黒：おしゃれ、現代的
紫：高貴、神秘的
オレンジ：陽気、社交的
ピンク：世話好き、愛情深い

たとえば、プレゼンテーションの場において、青や白などを身に着ければ、真面目で誠実な印象を与えることができます。そこに赤を加えれば、情熱もアピールできるでしょう。

そのようにして**「色を味方につける」ことは、実は政治の世界などではよく行われています**。情熱を示す赤いネクタイをつけたり、真面目な印象を与える白いジャケットを着たりするのは、色で自らの印象をコントロールするための戦略です。

普段はリーダーとして明るい印象を与えるためにオレンジをつけたり、勝負どころでは赤や青を使う、というように、ファッションを効果的に使いわけてみてはどうでしょう。

印象づける・IMPRESS

仕事上のファッションは「自分のため」より「相手のため」

ディズニーキャストの役割に応じたコスチュームはゲストのハピネスのため

色の効果をうまく使い、印象をコントロール

⇩

あらゆる仕事をするうえで有利になる

How to bring up

「どんな自分に見られたいか」で身につける色を変えてみよう。

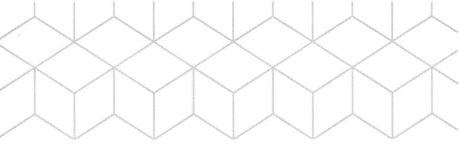

CHAPTER

3

Change within 3 days
how to bring up a subordinate of
the Disney way

「魔法の教え方」で、
人もチームも
自立できる

《チームビルディング編》

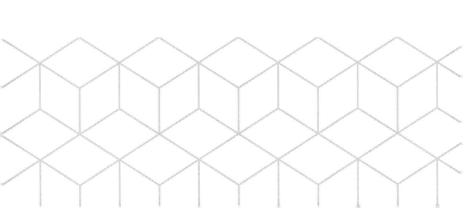

MOTIVATION

24

モチベーション

メンバー一人ひとりにマイクを向けてみる

ディズニーの人事部にいた頃のこと。私は現場のキャストたちと話す中で、「リーダーへの満足度」や「サービスに対する考え方」に濃淡があるということを日々感じていました。

それをどうにか浮かび上がらせ、職場の改善や課題解決につなげられないかと考えた結果、私が実施したのが、**1万8000人いるアルバイト全員に対する意識調査**でした。過去に部署単位での調査はあったのですが、全キャストを対象とした大規模調査は初めての試みでした。

まずはアンケート調査を行ったのですが、その際にはアメリカのディズニー社に面談を申し込み、使っている調査票を見せてもらいました。

それは無味乾燥なものではなく、キャラクターの挿絵が入っているなど、手が込んでいました。これならキャストも楽しく答えるだろうという出来栄えでしたから、参考にしました。調査項目に関しては、世の中の人事コンサルタント会社の持っているような内容ではディズニーには合わず、オリジナルでつくり上げました。

意識したのは、単なる**満足度の確認で終わらないこと**。そこからキャストたちの「思い」をきちんとくみ上げ、改善へとつなげなければ意味がないと考えていました。

こうして定量調査を行った後は、そこであらわれてきた課題を深掘りするために、数百人単位のインタビューを実施しました。このインタビューは、深く私の心を打ち、その後の人生の選択にも影響を与えたかもしれません。

少しでもいいサービスを提供するために日々努力するキャストの真摯な姿に触れられましたし、会社や組織に対する思いや、将来のキャリアに関する悩みなども聞けて、まさしく「**キャリアカウンセリング**」でした。そうして得られた「キャストの声」から、キャストたちが評価してほしいところや、不満に感じていることを導き出し、人事部としてまとめました。

そしてその調査結果が、時給の改定、休憩ルームの改善、キャリア相談室の設置など、いくつもの環境改善につながったのでした。

ハーバード大学の心理学者であるウィリアム・ジェームズは、「**人がいちばん必要としているのは、正しく評価してもらうことだ**」と述べています。組織においても、「正しく評価してもらっている」とメンバーに感じてもらうことができれば、それは働くモチベーションにつながります。

なににやりがいを感じるか。改善点や不満はあるか……。こうしたリサーチを重ねることで、その人の価値観や、評価してほしいところが見えてくるはずです。

なにも、「調査」と銘打って格式張って行う必要はありません。

日頃からインタビュー的にヒアリングして、情報を集めていけばいいのです。そして、きちんと相手に合わせてフィードバックを行うことが重要です。

そうするとメンバーも「**自分の話を聞いて、改善してくれた**」ということが目に見える形でわかり、あなたへの信頼感は増すでしょう。

モチベーション・MOTIVATION

一人ひとりの働く動機ややりがいと真摯に向き合う

意識調査とインタビューの実施

単なる満足度の確認で終わらせない

例)「仕事でどんな時にやりがいを感じるか」
……仕事観がわかる
「もっともがんばったことはなにか」
……評価されたい点がわかる

⇩

全社員一人ひとりへの調査で、課題解決とモチベーションアップにつながる

How to bring up

日頃からメンバーの声を聞き流さない。
意見に基づき職場を改善。

MOTIVATION

25

モチベーション

それぞれが持つ価値に気づかせる

長崎のハウステンボスリゾートにある「変なホテル」という名称のホテルをご存じでしょうか。

別名、ロボットホテル。フロントでは多言語対応のロボットたちがチェックイン・チェックアウトの手続きを行い、クロークではロボットアームが荷物を預かり、手荷物はポーターロボットが部屋まで運んでくれます。

これはある意味、日本のサービス業の未来の姿であり、近くいくつかの職業が機械に代わっていくのは間違いないでしょう。

ただし、ディズニーのキャストたちがロボットになるかといえば、現在のサービスを続ける限りまずそうはなりません。キャストたちのホスピタリティあふれる仕事は、

人工知能ではできないからです。

ゲストのことをよく観察し、それをディズニーの理念や行動規準に照らしたのち、自分で瞬時に判断し責任を持って行動する。そして、ゲストに幸せな気分になってもらうため、時には感動を込め、時には遊び心のあるサービスを提供する。これらは、プログラム的に行うにはあまりに複雑です。

どんな職場においても、同じ図式が当てはまります。納品データの管理や商品の移動などは、「労働力」があれば行えますが、その先にある対人サービスは、やはり人の力が必要です。

チームにはいろいろな人材がいます。ホスピタリティ力の高い人、コツコツと作業するのが好きで裏方向きの人、几帳面で数字管理に強い人……。彼らを適材適所に配置するのが、リーダーとしての大きな役割であり、その能力をさらに伸ばしていくうえでも非常に重要です。

私は現在、大学で教鞭をとっていますが、学生たちに対しては、本来持っている能力や気持ちに寄り添い、それぞれの個性を伸ばすことを心がけています。一口に「学生」といっても、育った環境、教師に対するイメージ、将来の夢もそれぞれ違います。ですからまずは相手のことをよく観察し、自分の考えと照らし合わせたうえで方針を決め、一人ひとりに合わせてフィードバックの仕方を変えています。

ポイントは、他人の評価をうのみにせず、**自らの目でじっくりと観察したうえで、その人ならではの価値を見つけてあげる**ことです。

また、自らの価値や魅力について本人に気づかせてあげることも重要です。

その際には、私が尊敬する起業家支援をする方から教えてもらった、次のワークがおすすめです。

メンバーに対し以下の3つの質問を与え、それを本人の家族、恋人、友人、同僚など周囲の人10人に対して尋ねてもらいます。

①あなたの強みはなにか
②あなたの弱みはなにか
③あなたにお金を払ってでもやってもらいたいことはなにか

これらの回答を集める中で、自分にも気づかない強みや、周囲から見た弱点などもわかり、自分の価値を客観的に理解することができるはずです。

モチベーション・MOTIVATION

人の評価や噂をうのみにせず、一人ひとりとしっかり向き合う

適材適所で、
人材はより育つ

人の魅力や価値を引き出すワーク

本人の家族や恋人、友人などに聞いてもらおう

①あなたの強みは？
②あなたの弱みは？
③あなたにお金を払ってでも
　やってもらいたいことは？

How to bring up

３つの質問で、本人がまだ
気づかない価値を見つけよう。

MOTIVATION
26
モチベーション

想像と共感で、メンバーにとっての「恩師」になる

人材を育てる立場になったら、メンバーにとってあなたは「師」となります。そこでもし互いに信頼できる関係となったら、メンバーはその後の心強い味方であり続けてくれるでしょう。

信頼関係を築くうえで大切なのは、相手の心に寄り添うことです。目の前の業務のスケジュールや今月の達成率といった「数字」の話だけではなく、**メンバーの置かれた状況と心情を察し、共感をあらわすこと**で、メンバーは次第に心を開いていきます。

私も、ディズニーで人材育成に携わった時や、現在学生たちと接する際には、こうした「**想像**」と「**共感**」を意識しているのですが、その大切さを教えてくれたのは、高校時代の先生でした。

私にとって高校時代というのは、人生でもっともつらかった時期です。父の事業が失敗して大きな借金を背負い、両親は離婚。母と二人、借金取りに追われながら、毎日毎日アルバイトをしていました。

卒業式の日にも、父は居所が知れませんでした。母は、私を養うため身を粉にして働いていました。私はひとりで卒業式に臨みました。

式が済み、教室で最後の挨拶が終わると、クラスメイトたちは卒業の高揚と将来への期待を胸に抱いて、足音高く教室を出ていきました。

しかし私は、いつまでも席から立ち上がることができませんでした。

クラスメイトはみんな進路が決まっていましたが、私だけは、行くところがありませんでした。アルバイトを掛け持ちし、生きていくのに精一杯の状況で受験勉強もろくにできず、大学進学のお金も用意できなかったのです。

この教室を出てしまったら、私には身分がなくなる。何者でもなくなる……。そう思うと、怖くてその場を動けませんでした。

いつしか教室は、夕暮れの赤い光で満たされていました。

がらんとした教室に扉が開く音が響き、担任の先生が入ってきました。

先生はつらそうな表情でしばらく横に立っていましたが、やがて私の肩に手を置くと、絞り出すように「教育実習で、待っているから」と言いました。

それを聞いて、「ああ、先生は私の未来を思ってくれている。いつか私が大学生になることを信じてくれている。教職課程をとって母校で教育実習をするのを願ってくれている」と感じ、本当に救われました。

そして、なんとしてでもその願いに応え、大学に行きたいと思ったのでした。

私が、ディズニーで人材育成の経験を経て、こうして今教職についているのも、この先生が私にしてくれたように、**「過去の自分」のような若者を救いたい、将来に悩む人の力になりたい**、という願いがあったからなのかもしれません。

人生いつも、順風満帆ではありません。あなたのメンバーもまた、あなた自身が経験してきたように、壁を感じ、思い悩みながら仕事をしています。まずは自分の過去を思い出し、**メンバーのそれと重ね合わせながら、相手の気持ちに寄り添う**努力をしてみてはどうでしょう。そうしてリーダーが自分を理解してくれるということが、メンバーの仕事に対する大きなモチベーションとなるはずです。

モチベーション・MOTIVATION

「人を育てる」ことは、その人の基盤の一部をつくること

メンバーそれぞれの置かれた状況と心情を察する

「想像」と「共感」を意識

⇩

気持ちに寄り添うことが
モチベーションを引き出す第一歩

| How to bring up |

弱音を言わないメンバーにこそ、声をかけてみる。

MOTIVATION

27

モチベーション

メンバーの自己肯定感を高めることが最優先

あなたのメンバーの中で、能力はそれなりにあるのに、いつも自信なさげで積極性に欠ける人はいるでしょうか。そのような場合、もしかするとそのメンバーには「**自己肯定感**」が足りていないのかもしれません。

自己肯定感の辞書的な意味は、「自分は大切な存在である、かけがえのない存在であると思える心の状態」です。仕事に絞っていうと、**会社、組織、チームにおいて、自分が役立っている、重要な存在であると感じられている**なら、自己肯定感は高いといえます。

自己肯定感の高低というのは、仕事に大きな影響を与えます。

たとえば、リーダーに頼まれた仕事を自分なりに一生懸命こなしたメンバーがいるとします。もしそのメンバーの自己肯定感が高ければ、仕事が認められれば素直に喜び、修正を指示されてもそれほどは落ち込まず、次の仕事に生かそうと考えます。反対に、自己肯定感が低いと、褒められてもいまいちそれを信用できず、ミスを指摘されれば、人格が否定されたような気がして落ち込みます。

生まれ育った環境に左右されるものですが、やはりある程度は自己肯定して生きるほうが、よりよい人生になりそうです。

以前の私は、自己肯定感が低かったように思います。

高校卒業後、相変わらず家には定期的に借金取りが訪れ、精神的にも肉体的にも厳しい日々が続いていました。そんな日々にあって、自分には価値がある、とはなかなか考えられませんでした。

ある日、母方の祖母が、「たまには息抜きをしておいで」と、ディズニーランドのペアチケットをくれました。現実を生きるだけで精一杯だったので、正直「夢の国なんて行ってる場合じゃない！」と思いました。しかし、祖母がせっかく買ってくれたチケットを無駄にするわけにもいかず、母と休みを合わせて、ディズニーランドに行きました。

ディズニーランドに入ると、私の目に飛び込んできたのは、見渡す限りの笑顔。ポジティブなエネルギーであふれ、ゲストも、キャストも、みんなが本当に楽しそうでした。そして気がつけば母と二人、童心に返って、夢の国を満喫していました。

夜になり、名物である「エレクトリカルパレード」を見た時、母がとなりで静かに泣いていました。「どうしたの?」と聞くと、「人間、やっぱり夢がなければだめ。私はあなたを、絶対に大学に行かせるから」と答えました。そこで改めて、母がどれだけ自分を大切に思ってくれているかを感じ、なんだかとても安心しました。その体験が、私の自己肯定感をぐんと上げてくれたと思っています。

仕事においても、同じ理屈でメンバーの自己肯定感を高めるためのサポートができます。重要なのは、メンバーのいい点と改善点を理解したうえで、ひとりの人間として尊重するという視点を持つことです。あなたがどれほど必要か、役立っているのかということを常に語りかけ、感謝を示します。

いつでも味方である、応援している、という姿勢でいることで、メンバーは安心して前向きに力を発揮することができるでしょう。

モチベーション・MOTIVATION

メンバーのいい点、改善点を認めたうえでまずは尊重すること

「自己肯定感」とは……

会社、組織、チームにおいて、自分が役立っている、
重要な存在であると感じられている

⇩

**自己肯定感を引き出せれば、安心して、
前向きに仕事に取り組むことができる**

How to bring up

**「あなたは必要な存在」と
照れずに声をかけ、いつでも味方でいよう。**

LEADERSHIP

28

リーダーシップ

「独裁者」にはならず、奉仕型リーダーを目指す

組織やチームのまとめ役に必要な能力はなにか、と問われたら、**「リーダーシップ」**と答える人は多いのではないでしょうか。

リーダーシップといえば、多くの人を惹きつけ、従えることができる「生まれ持ったカリスマ性」であると考えている人もいるかもしれません。実際に一昔前までは、リーダーシップとはひとつの才能であるとされてきました。

しかし近年は、**リーダーシップは才能ではなく「技術」である**ということが明らかとなり、才能ととらえるのはもはや過去の認識となっています。

それにいち早く気づいていたのが、ウォルト・ディズニーです。

ウォルトは、**「リーダーシップとは創造的な風土を管理する能力である。そして個々の価値が十分に認められた参加型の環境において、人々は長期的、建設的目標の達成**

に向け、自らを動機づける」という教えを残しています。

すなわち、カリスマ性のあるリーダーがすべてを引っ張るのではなく、**個々の価値が十分に認められる環境をつくり、メンバーの生む創造的な風土を管理する**ことこそリーダーの仕事の本質であると見抜いていたのです。

才能でなく技術なら、それを身につければ誰でもリーダーシップが発揮できることになります。それには、どのような技術を身につければいいでしょう。

近年、最高のリーダーのあり方のひとつとして注目されている考え方で「**サーバント・リーダーシップ**」というものがあります。

従来のリーダーシップ論では、リーダーがチームを率いる際、メンバーに対して命令し、説明を求めるというやりとりがコミュニケーションの中心でした。それでは結果的にメンバーの主体性は薄れ、リーダーと心を通わせることも難しくなります。

サーバント・リーダーシップでは、「リーダーのためにメンバーがいる」という発想を逆転させ、「**メンバーを支えるためにリーダーがいる**」と定義します。リーダーはメンバーの自主性を尊重し、その成功や成長に奉仕するために行動します。そうすることで、メンバーとの間に信頼関係が生まれ、コミュニケーションもうまくいくようになります。ビジョンや目標も共有できるようになり、結果的に目標達成の可能性が高まる、と考えられています。まさにウォルトが唱えたリーダーシップ論そのものだと感じます。

サーバント・リーダーを目指すにあたって大切なのは、「**傾聴**」です。

メンバーに対して奉仕し、サポートしていくには、まずは彼らがなにを考え、どんな気持ちでいるかを、常に知ったうえで行動していく必要があります。

また、相手の立場に立って気持ちを理解することも重要です。人は不完全であるという前提に立ち、相手をどんな時も受け入れる姿勢を持ちます。

叱ったり、指示をしたりする際にも、**自らの権限に頼らず、服従を強要せずに、相手の同意を得つつ互いに納得しながら話し合って**いかなければいけません。自分の利益よりも**メンバーの利益を優先し、あまり前に出すぎず、できる限り裏方に**徹します。

こうしてメンバーへ奉仕できるリーダーこそが、明るく活気にあふれ、かつ成果を上げるチームをつくっていけるのです。

リーダーシップ・LEADERSHIP

メンバーを支えるために リーダーがいると心得る

従来のリーダー

＝カリスマ性、才能、リーダーのために
メンバーが動く

⇩

サーバント・リーダーシップ

＝リーダーはメンバーの自主性を尊重し、
その成功や成長に奉仕する

メンバー一人ひとりが、なにを考え、
どんな気持ちでいるか理解する

| How to bring up |

メンバーが主役、自分は脇役。
傾聴と共感の姿勢を忘れない。

LEADERSHIP
29
リーダーシップ

「あなたのために働きたい」という気持ちにさせる

リーダーシップというと、「**チームのトップが発揮するべきもの**」ととらえがちですが、実はそうではありません。

ディズニーでは、新人キャストに対してはトレーナーがついて教育を行うようになっていますが、そのトレーナーとなるのは、現役で活躍しているキャストたち。つまり、先輩が後輩を教えるという形となっています。

そしてその場で求められるのは「**教える側のリーダーシップ**」です。

いわば、同じ立場のキャスト同士であっても、時にリーダーシップを発揮して相手を導く必要があるのです。

これは、あらゆるチームに当てはまることです。

同じ立場のメンバーでも、キャリアの長さや得意分野などは異なり、能力も違ってきます。

たとえばある業務において、高い能力を持ったメンバーが自然に「**サーバント・リーダー**」となって仲間をフォローすることができたならば、その業務全体の効率が上がります。

そうした習慣がチーム内に根づけば、そのチームは自然と成長していくことができるでしょう。

このように他のメンバーにもサーバント・リーダーシップを発揮してもらうような環境をつくり、循環させていくこともリーダーの大切な仕事であるといえます。

ただし、これはすぐにできるようなことではありません。なぜなら、メンバーが自発的にリーダーシップを発揮するには、職場や他のメンバーに対するモチベーションが高くなければならないからです。

逆にいえば、ディズニーをはじめとした、働く側のモチベーションが高い職場では、自然に補い合う文化が根づいています。

では、あなたのチームでそれを実現するためには、なにから始めればいいのでしょうか。

その答えは、まず自分が**「信頼される存在」になり、メンバーに「あなたのために働きたい」という気持ちを持ってもらう**ことです。

そのための行動指針となるものを、ここで示しておきましょう。

アメリカの心理学者であるジョン・バトラーは、過去の研究や面接に基づいて、メンバーから**「信頼される上司となるための10か条」**をまとめました。

「いつでも連絡をとることができる」

「公平である」

「約束を守る」

など、あらゆる業種のリーダーでも、今日から実践できそうなことばかりです。

これらを毎日、丁寧に実践していくことで、自然とメンバーから信頼が集まるようになるはずです。

リーダーシップ・LEADERSHIP

リーダーの信頼は、1日にしてならず

《信頼される上司となるための10か条》 あなたはいくつ当てはまる？

①Availability	いつでも連絡できる状態になっている
②Competence	職務をきちんと遂行する
③Consistency	言動が一貫している
④Discreetness	秘密を守る
⑤Fairness	公平である
⑥Integrity	正直である
⑦Loyalty	自分を守ってくれる
⑧Openness	率直である
⑨Promise fulfillment	約束を守る
⑩Receptivity	話を聞いてくれる

How to bring up

「信頼の 10 か条」を 1 日ひとつ実践し、メンバーの心をひとつにしよう。

LEADERSHIP 30
リーダーシップ

常に自分自身の幸福感を高める

仕事には、人生の多くの時間を費やします。いくらプライベートが充実していたとしても、仕事の時間が不幸であれば、総体として人生の満足度が下がってしまいます。リーダーである以上、普段メンバーやチームの幸せを優先しているかもしれませんが、まずは、あなた自身の幸福感を高めることをしてみてください。

あなたが幸福感を持って働くことができれば、その様子はいきいきとして、楽しそうに見えます。それはメンバーにも伝わり、**「あの人のように楽しく働きたい」というロールモデル**ともなります。

幸福というのは、実は伝播します。これは抽象論ではなく、実際に研究として発表されていることです。

ハーバード大学のクリスタキス教授と、カリフォルニア大学のファウラー教授は、「幸福」というものに対する共同研究を行いました。その調査分析によると、友人や家族、同僚など、直接的なつながりのある人間が「幸福」と感じれば、自分の幸福感も15％上昇するといいます。さらに「友人の友人」でも約10％増、そのまた友人であっても、約6％も増えるそうです。

これはすなわち、自分が幸福であれば、周りの人の幸福度も上昇するということに他なりません。

では、自分が幸福感を持って仕事をしていくにはどうしたらいいのか。

ウォルト・ディズニーは、幸福について次のような教えを残しています。

「幸せとは、心の状態でどんなふうに物事を見るか次第です。私にとっては心が満たされることが幸せですが、それはお金持ちでなくてはならないということではありません。人は一人ひとり違うもの」

この言葉に、幸福に働くためのヒントが隠されています。

幸せの定義とは、つまり「相対価値」ではなく「絶対価値」に重きを置いて生活していくほうが、幸せになりやすいということです。

相対価値とは、自分と他人を比べて「あの人より自分のほうが優れている」と思うところに価値を見出すことです。

一方の絶対価値は、自分の中で自らの価値を判断すること。**仕事における使命はなにか、自分はなにを成し遂げたいのか**といった大義に立脚して働く価値を見出そうとします。

人の意見や、評価に大きく左右されてしまうと、仕事本来のおもしろさややりがいになかなか目がいかず、他人の顔色ばかりうかがうようになります。それでは幸せに働くことは難しいもの。

自らの価値観を大切にして、自分ならではのやりがいや興味を見つけ、それを追求していくようにしたほうが、仕事において幸福感を高めやすいといえます。

メンバーに幸せに働いてもらうために、まずはあなたが、絶対価値を持って自分らしく働いてみてはどうでしょう。

リーダーシップ・LEADERSHIP

まずはリーダーが「絶対価値」を持って働く

× **相対価値**

「あの人より優れている」など、
他人と比較した評価が軸

○ **絶対価値**

「自分の使命・やりがい」
「なにを成し遂げたいか」

⇩

リーダーが「いきいきと働いている」状態
幸福感は周囲に伝播する

How to bring up

あなたらしく、幸せであること。
メンバーはその背中を見ている。

LEADERSHIP
31
リーダーシップ

リーダーへの満足度が、チームの満足度と心得る

私がディズニーの人事部時代に、約1万8000人のキャストを対象としたアンケート調査や、数百人に対するヒアリング調査を行ったことはすでに述べました。

調査では、さまざまな角度からキャストたちの生の声を拾っていったのですが、その中で「**リーダーに対する満足度調査**」という項目がありました。

そこで相関関係が明らかになった、興味深い事実があります。それは、リーダーへの満足度が高いほど、組織やチームに対する満足度も高いということです。同時に、職場への定着度が高くなっているのも見逃せません。

仕事における悩みの9割以上は人間関係から起きるともいわれていますが、組織やチームに対する満足度が高いという結果は人間関係がうまく回っているからこそであり、仕事上の悩みの多くが解決された「極めて居心地のよい状態」とみることもでき

ます。

そしてその状態になるための要こそ、リーダーに対する満足度なのかもしれません。そうして職場全体の満足度が上がれば、みなが仕事に対して前向きに取り組む土壌ができ、それがチームとしての成長を早めることにつながります。

さて、そこでポイントとなるのが、いかにしてリーダーに対する満足度を上げればよいのか、ということです。実はそれも、調査で明らかになっています。ディズニーのキャストたちが導き出した、**「理想のリーダー像」**を見てみましょう。

［相談できる雰囲気がある］

・メンバーのことを常に気にかけているのが伝わり、話しやすい

・キャストにも気さくに声をかけて偉ぶらず、印象がよい

・仕事のやりがいや楽しさを自分の言葉で語っている

［課題や方針を明確にする］

・やるべきことや、目指すべきものを具体的に示してくれる

・全社的な課題や会社の方向性などを、各人に合わせてわかりやすく伝えてくれる

［**責任感が強い**］
・最後の責任は自分が取る、という姿勢でいる
・自らの責任において、ひとつ上の仕事を任せてくれる
・意見がわかれた時には、自らの判断できちんと方針を決定する

［**指導力・育成力がある**］
・まずは自分がやる姿を見せて、学ばせる
・メンバーの仕事のスキルや、特徴を熟知している
・折に触れ、メンバーの今後のキャリアに対しアドバイスを行う

このようなリーダーになることができれば、メンバーたちの満足度は高まり、より生産性の高い職場へと変わることができるはずです。まずは明らかに自分に足りないものから、ひとつずつ見直してみてはどうでしょうか。

リーダーシップ・LEADERSHIP

「理想のリーダー像」に基づき メンバーの満足度を上げていく

1万8000人のディズニーキャストたちが 導き出した「理想のリーダー」とは

◎相談できる雰囲気がある
◎課題や方針を明確にする
◎責任感が強い
◎指導力・育成力がある

⇩

職場の居心地のよさは、
リーダー次第である

| How to bring up |

**忙しがることなく、
相談されやすい雰囲気をつくる。**

LEADERSHIP

32

リーダーシップ

リーダーこそ自分の成長に貪欲になる

リーダーとは、常に「学ばれる」立場にあります。

学ぶという言葉の語源は、「まねぶ（真似ぶ）」にあるともいわれ、人は新生児のうちから大人の行動を真似て成長していきます。すなわち学ぶという行為には、上位者を模倣するという側面があり、メンバーの成長は、「学ばれる」立場のリーダーの行動にかかっているといえるのです。

ただし、いくらリーダーとメンバーという関係でも、リーダー側に魅力がなければ、メンバーは学びたいという気持ちにはなりません。

反対に、**素晴らしいと感じるリーダーは、メンバーを無意識下でも学びに駆り立てます**。社会学者である宮台真司氏は、この心理を「**感染動機**」と名づけています。直感的に「すごい」と思うような威光のある人のそばにいると、意識せずにさまざまなことが「感染」してしまい、身振りや手振り、しゃべり方まで真似てしまうというのです。

もちろん行動の模倣だけではなく、知識や考え方についても吸収しようとして、言語化できない「暗黙知」までも自然に引き継ごうとします。

私のディズニー時代のリーダーに、こんな男性がいました。

彼は、現場からたたき上げで部門長まで上り詰め、常に最前線でキャストを束ね、ディズニーのホスピタリティを実践してきました。筋金入りの現場主義で、親分肌。アルバイトのキャストたちは親しみを込めて苗字ではなく名前で呼ぶような人柄でした。社会学、経営学、宗教学、日本文化……興味の幅はとにかく広く、いつもなにかを学んでいました。同業他社との交流も深く、生きた情報を常に持っているため、彼と話すたびに新たな気づきを得られ、感動したものです。

私が退職する際、彼はこんな言葉をかけてくれました。

「ディズニーで17年も学んだのだから、研究者の道に進むなら、ホスピタリティと科学を掛け合わせて、テーマパーク業界に貢献する研究をしてはどうか」

現在私が、経営者のキャリア研究というテーマと合わせて、ホスピタリティを科学するという研究を進めているのは、きっとこの時の、尊敬するリーダーの言葉に「感染」したせいだろう、と思っています。

彼は「学校の勉強は決して好きではなかった」と言っていましたが、人生においては「**学歴よりも学習歴**」のほうがよほど大事である、ということを身をもって示していた人でした。だから私も、常に学び続ける姿勢を忘れていないか、時々自分に問いかけるようにしています。

人間的に深みがあり、「真似をしたい」と思えるようなリーダーになるためには、いつも自分を磨き続けることが大切です。

今日からでもできることは、自分の仕事にかかわるものに対して幅広くアンテナを張り巡らせることです。テーマパークであれば、他のテーマパークはもちろん、ホテルや旅行などのレジャー産業の動向とサービスについて、できる限り知っておくことが、大きな武器になります。

その際、「どんなものが流行っているか」など、**ノートや写真に記録していく習慣をつければ、さらに知識を自分のものにできる**はずです。

リーダーシップ・LEADERSHIP

メンバーが「真似をしたい」と思える強みを持つ

学ぶ姿勢を忘れず、情報を更新し続ける

・業界誌を広く読む
・会社以外の同業で働く人々と情報交換　など

⇩

応用範囲の広い「生きた知識」として
メンバーに還元することができる

How to bring up

自分の仕事に関する業界のトレンド、ヒットの理由を語れるように。

LEADERSHIP
33
リーダーシップ

リーダーが率先して売り上げをつくらない

営業職において特に顕著ですが、部内でいちばんの売り上げをつくった人が新たな組織のリーダーとなる、という継承はよく行われています。

責任感が強い人ほど、リーダーとなった時には「自分が引っ張らなければ」という意識が強く、自らが率先して売り上げをつくろうとしがちです。

また、カリスマ性や人間的魅力で成績を伸ばしてきたタイプは、それが個人的資質ゆえに横展開が難しく、メンバーに自分のやり方を教えても、なかなかうまくいかないかもしれません。それゆえ、やはり自分で売り上げを伸ばそうとしがちでしょう。

売り上げをつくる能力というのは、確かにとても有益ではあります。

ただし、組織をまとめるリーダーになったなら、それに依存しすぎてばかりいると、いつしか孤軍奮闘になり組織としての売り上げが伸びない可能性があります。個人のできることには、限界があるのです。

組織としての成果を出すには、やはりチーム力で勝負しなければいけません。

ウォルト・ディズニーは、組織が力を発揮するためには次の「3つのC」が大切であると説いています。

Caring（ケアリング）＝思いやり
Cooperating（コオペレーティング）＝力を合わせる
Creating（クリエイティング）＝創造する

実際に、この「3つのC」が実践でき、人間関係を良好に保っていてキャストの働く満足度が高かったのが、ディズニーシーのショップ「アーント・ペグズ・ヴィレッジストア」です。ダッフィとシェリーメイのぬいぐるみやグッズを扱うお店であり、ディズニーシーでも1、2位を争う人気店ですが、それはダッフィ自体の人気だけではなく、ショップとしてのチーム力の高さも売り上げに影響していると私は考えています。

リーダーが自ら売り上げをつくるのではなく、**組織内のメンバーの調和を取り、チーム全体を成長させるほうに力を注ぐ**ことが、結果につながります。

一方で、リーダーには**組織内の課題を解決する能力**も必要です。

ディズニー時代の管理者で、どんな満足度の低い施設でも、その人が携われば2年後には必ず満足度が急上昇するという人がいました。

彼は、まず担当部署ごとの責任者と話し、それぞれの強みと弱みを把握します。責任者たちはよく「自分は現場を見ているので大丈夫です」と言うそうですが、必ず自ら現場に足を運び、改善ポイントの仮説を立てます。

そのうえで、不適合な人材や原理原則の崩れなど、構造的な問題を洗い出し、改善策を打つそうです。責任者に改善を求める際は、頭ごなしに指示をするのではなく、ヒントを与えたうえで「なにが問題か」を責任者に考えさせるようにしたといいます。

このように、組織の人間関係を保ちつつ、組織内の問題に細やかに対処するのが、成果を上げられるリーダーの特徴といえるでしょう。

リーダーシップ・LEADERSHIP

自分の売り上げの前に
チームの結束と成長を重視

組織が力を発揮するための
3つのC

◎**Caring**（ケアリング）
＝思いやり
◎**Cooperating**（コオペレーティング）
＝力を合わせる
◎**Creating**（クリエイティング）
＝創造する

人間関係を保ちつつ、
職場の課題を冷静に分析することが大切

| How to bring up |

チーム内の改善ポイントを、
週にひとつは見つけよう。

LEADERSHIP
34
リーダーシップ

説明するより、まずはやって見せる

あらゆる職場において、ホスピタリティを発揮するための原理原則のひとつといえるのが、**「相手の立場になって、考えること」**です。

もしかするとあなたもメンバーに対し「相手のことをもっと考えて動くようにしよう」と、指示したことがあるかもしれません。

しかし残念ながら、そうした指示から具体的な行動を起こせる人というのは、ほとんどいません。逆にいえば、それだけの言葉ですべてを悟ったうえで、自らの行動に反映できる人は、元から高いホスピタリティを備えているはずなので、そもそもそうした指示が必要になるはずはありません。

では、どのようにして相手の心に寄り添ったようなホスピタリティを身につけさせていくのか。そのヒントを、ウォルト・ディズニーの次の教えが示してくれています。

「なにか一目でわかるようなものを見せなきゃいけない」

本質的な理解にはなにが必要かが、端的にあらわれていると思います。


ディズニーのキャストには、ホスピタリティの高い人が多くいます。彼らは「ゲストにハピネスを提供する」という信念を胸に、「相手の立場からものを考える」という原理原則にのっとりつつ、臨機応変に行動しています。

ショップでは、修学旅行生がたくさん来ている日には、飴のお菓子など、学生に人気のあるリーズナブルなお土産をレジ前に出して、探しやすくします。

パーク内では、地図を持って立ち止まっている人がいれば、どんな役割のキャストであっても自ら話しかけて案内をします。掃除を担当するカストーディアルキャストでなくとも、ゴミがあれば拾い、汚れが目立つところがあったらきれいにしようとします。

もちろん新人のうちは、こうした行動が自発的にできるわけではありません。しかし、他の先輩キャストたちが当たり前のように実践しているのを目で見て、感じて、自分でもトライするようになります。
そうしてホスピタリティが継承されていくのです。

ホスピタリティに正解はありません。
顧客満足というゴールまで行くための道はいくつもあり、その人なりのホスピタリティの示し方があるわけです。
だからこそ、言葉で教えるよりも、まずは自分がやって見せることが大切になります。

リーダーが実際にやって見せることで、メンバーは職場でホスピタリティを発揮するというのがどういうことかというイメージがつきやすく、そのやり方を自分にも当てはめつつ、学ぶことができます。また、言葉で伝えるより、行動を見せたほうが記憶に残ることがわかっています。

メンバーを育てたいなら、リーダーは積極的に現場に立ち、自らが確立してきたやり方をどんどんやって見せ、見本となるべきなのです。

リーダーシップ・LEADERSHIP

リーダーが理念を体現し メンバーにしっかり見せる

ホスピタリティは
実践することで継承できる

⇩

困っているゲストに声をかける、
ゴミを拾う、汚れている場所をきれいにする……

リーダーが積極的に現場に立つ姿を見せる

| How to bring up |

メンバーに指示だけしていたことを、
自らやってみよう。

LEADERSHIP
35
リーダーシップ

リーダーこそキャリアの棚卸しを定期的に行う

リーダーになると、とにかくメンバーのことに奔走しがちで、自分について考える時間はどうしても減るものです。

あなたが仕事で実現したかったことはなんでしょう。若い頃には、どんな夢を描いていたでしょうか。

ウォルト・ディズニーは、夢を実現することに関して、このように述べています。


「私が思う夢の実現の秘訣は4つのCによって言い表すことができる。Curiosity（好奇心）、Confidence（自信）、Courage（勇気）、Constancy（一度決心したことを続ける一貫性）。中でもいちばん大切なのが自信だ」

ここでいう夢は、仕事における「**自己実現**」に置き換えることができます。そして、自らが目指すビジョンを現実のものとしていくためには、やはり「**自信**」がもっとも大切なのです。

自信というのは多くの場合、過去の経験から生まれるものです。苦労を乗り切ったり、努力を積み上げて成功したりする体験によって、育まれていきます。

自信を持って働くリーダーに、メンバーはついていきたいと思うものです。ここぞという時にチームをまとめる力を持つためにも、自分の力を信じることは重要です。

もし今、あなたが「リーダーとして自分に自信がない」と思っているのなら、**まずは自分と向き合う時間をつくり、「キャリアの棚卸し」**を行ってほしいと思います。

その方法はいくつかありますが、たとえば以下の**キャリア・インベントリー**（詳細な職務経歴書）をつくってみてください。

①会社名‥部署‥所属期間
②担当職務とその内容
③成績‥仕事の質／仕事の量／メンバーの育成／業務改善

④意欲・態度：規律、責任／協調、積極／管理者意識
⑤発揮した能力：知識、技能／技術（課題対応、個人対応）
⑥参加したセミナー研修
⑦新たに獲得した能力：知識、技能
⑧参加したグループ活動：構築した人脈

こうしてキャリア・インベントリーをつくるプロセスにより、「**自分がこれまでにどんな仕事をし、どんな成果を上げてきたか**」が明確になり、それが自信につながります。また、自らの仕事に対するモチベーションや、得意なことも明らかになり、今後のキャリアでも役立つものになるはずです。

メンバーにとっても、なんとなく不安げに、あいまいに指示を出してくるリーダーよりも、自らのバックボーンを踏まえたうえで、自信を持って指示をくれるリーダーのほうが、圧倒的に信頼でき、好印象となります。

できれば定期的に、こうした「キャリアの棚卸し」を行い、自らを客観視する時間をつくってほしいところです。

リーダーシップ・LEADERSHIP

これまでのキャリアを見直し、自信を持ってメンバーに接する

キャリア・インベントリー

↓

「自分がこれまでにどんな仕事をし、
どんな成果を上げてきたか」を振り返る
（なにがやりがいで、得意なのかを知る）

自信がつくことで、
指示が明確になる

How to bring up

**年に一度はキャリアの棚卸しで、
メンバーに伝えたいことをクリアに。**

TEAMWORK
36
チームワーク

感動をシェアすることで、チームが育つ

人材教育において重要なことのひとつは、仕事に対するモチベーションをいかに高めるかです。

ディズニーでは、キャストがゲストの役に立っていることを実感し、仕事に誇りを持っているため、全員がポジティブに、高いモチベーションを持って働いていますが、これはディズニーの育て方の賜物でもあります。そうした教育の鍵となっているのが**「感動のシェア」**です。

私が新人時代、研修でパーク内の清掃をしていた時でした。ふと、10歳くらいの女の子と、その傍らでたたずむ男性の姿が目に入りました。女の子の表情は沈んでおり、父親の男性は途方にくれた様子でした。私は緊張しつつも、思い切って「どうされま

したか」と声をかけてみました。すると男性が「ミッキーに会える場所がわからなくて……」と弱々しく答えました。そこで私は、ミッキーマウスのいるアトラクションへご案内しました。

1時間ほどが過ぎ、そのお二人はわざわざ私のところまで戻ってきてくれました。その顔には、満面の笑みが浮かんでいました。「お姉ちゃん、ミッキーに会ってきたよ！」と、女の子が元気に私に言いました。男性からも、何度もお礼を言われました。そしてまた、自分たちのことについて話してくださいました。その男性は、娘さんと離れて暮らしており、その日が大切な面会日であったこと。だからどうしても、娘の大好きなミッキーに会わせたかったこと……。

親子の喜ぶ姿を見て「**ハピネスを提供するとはこういうことなんだ**」と初めて実感し、あたたかい気持ちになりました。

その日の研修報告会で指名を受け、私はこのエピソードを他のキャストに対し報告しました。その際、感極まって泣いてしまったのですが、他のキャストもまた同じように共感し、涙を流してくれました。こうして本音を語り、素直に泣くことが許される職場というのは、今思えばとても素晴らしい場所でした。

このように、感動をシェアすることで、個人に起こった卓越した経験を全体で共有することができます。これは心理学的には「**代理体験**」といい、仕事に対するモチベーションの源泉となる「**自己効力感**」を育むことにつながります。

自己効力感が高くなると「粘り強く努力することができる」「自分の能力をうまく活用できる」といった前向きな人材へと成長できるとされています。

ぜひ、あなたの職場においても、お客様との感動のエピソードをシェアしていってほしいと思います。その際のポイントとなるのは、「**鮮度**」です。

本人の記憶が新しく、しっかり感情移入して語れる状態のうちに、みんなの前で発表するほうがいいのです。

また、お客様を感動させたような体験をしたスタッフがいたら、できる限り行動の直後に、かつ具体的に褒めて、本人に感動を根づかせるようにします。これらを繰り返すことで、チーム内には自然に褒め合う文化が生まれ、各個人のモチベーションもどんどん上がってくるでしょう。

チームワーク・TEAMWORK

卓越した感動は、チームみんなで「代理体験」

パーク内で
親子に感謝されたエピソード

⇩

朝礼や日報など、
「鮮度」がいいうちにシェア

「こんな素敵なところで働いているんだ」と
チームメンバーの「自己効力感」を上げることもできる

How to bring up

いい行動をしたメンバーは
すぐに褒め、24 時間以内にシェア。

TEAMWORK

37

チームワーク

人材教育では「心を揺さぶる」ことを意識する

あなたのメンバーの中に、上昇志向が強く、企画や新規事業に対する関心が高い一方、現場や裏方の仕事およびそこで働くスタッフたちにはあまり興味を示さない人がいるのではないでしょうか。そうしたメンバーたちの就業観を変え、さまざまな人がいるからこそ自分の仕事が成り立つことを理解させるには、実際に現場や裏方の作業をしている人の話を聞いてもらうのがいちばんです。

ウォルト・ディズニーの人材育成の考え方のひとつに「**すべての社員に組織の隅々まで研究し、訪問する機会を与えること**」というものがあり、実践されています。ゲストの目に触れるキャストたちには、裏方的な仕事をする人に触れる機会が用意されているのです。

ある日、アトラクション整備一筋30年の年配男性キャストが、自分の仕事について新入社員にこのような説明をしていました。

「アトラクションのビークル（乗り物）を常に見ていると、ビークルの声が聞こえるようになります。冬場だとタイヤはこれくらい擦り切れるから、メンテナンスはこれくらいするべき、というのが直感的にわかるのです。完璧に整備が行き届いたビークルが1日止まることなく動き続け、閉園後に自分のところに戻ってきた時が、いちばんうれしい瞬間です。よくがんばったな、とひと声かけて、ビーグルのパーツをひとつひとつ丁寧に拭きます。私には、来園されるゲストとの接点はありません。もちろん彼らは大切なお客様ですが、私にとってはアトラクションのキャストもまた大切なゲストです。『タイヤの音がちょっと気になる』など、アトラクションキャストがオペレーション上で感じたことは非常に重要で、その声を整備に生かすことができるからこそ安全が保たれています」

こうして、働く人の生の声を聞き、感動することで、新人たちは「**仕事はチームワークで成り立っている**」ということを心から理解していきます。

ディズニーの人材育成プログラムは一貫して「**心を揺さぶること**」を意識して作成されていて、実際に感極まって涙を流す新入社員が毎回必ずいます。このように感動させる意味としては、参加者からより主体的な学びの姿勢を引き出すことと、職場で実際のアクションにつながりやすいことなどが挙げられます。

そして、ディズニーではこうしたプログラムを繰り返し何度も行い、感動を根づかせるようなしくみになっています。

記憶と忘却の関係を示すもので「**エビングハウスの忘却曲線**」という実験結果があります。脳が1回だけ記憶した内容は、30日後には10％以下しか覚えていませんが、6回繰り返して記憶した場合は、30日後でも90％以上覚えているといいます。「感動体験」を通じて一貫性を持ったメッセージを繰り返し伝えることで、メッセージはどんどん定着し、長期記憶として保たれるようになります。

きっとあなたにも、メンバーに対して浸透させたいメッセージがあるはずです。それをしっかりと根づかせるためにも、人材教育プログラムの中に常に「心を揺さぶる」という視点を盛り込んで、教育を展開していくといいでしょう。

チームワーク・TEAMWORK

感動体験を通じた研修が心と記憶に残る

ディズニーの人材育成プログラムは、
一貫して「感情を揺さぶること」
を意識してつくられている

⇩

お客様や他部署との触れ合いから
「このチームで働く意義・誇り」
を見つけてもらう

How to bring up

感動の輪を広げ、
チームワークを高める。

TEAMWORK

38

チームワーク

人間関係構築で押さえておきたい3つのルール

ディズニーのキャストは、職種や持ち場の壁を越えてチームワークを発揮することが多くあります。それは、行動基準が「SCSE」の4つしかないというシンプルさ、そして行動の目的が「ゲストにハピネスを提供する」とはっきりしているから、などが理由として挙げられます。

つまり、定められた目的のためにどう行動すべきか、ということがチーム全体で明確になっているため、自然と同じ方向へと動けるのです。

また、ディズニーでは、賛辞もご意見（クレーム）も共有しようという風土がとても強くありました。いいことは自分の手柄、悪いことは他人事という個人主義的な発想と真逆の文化が根づいていたのです。

自分の経験や情報をチームとしてシェアすることで、チーム全体の質が上がり、それが結果的に「ゲストのハピネス」という目的を叶えることにつながるのを、みんなが理解していました。

こうした「いいチーム」をつくるためには、まず職場の人間関係をきちんと構築していく必要があります。

心理学的にいうと、**人間関係を構築するためには、次の3つが重要である**とされています。

①相互理解
②互いへの信頼
③互いに対する尊敬の念

まずはリーダーがメンバーと、これらをいかに醸成していくかが、いいチームをつくるための第一歩となります。

また、**そのためにまず自分がなにをすべきかといえば、次の3つ**を行うとよいといわれています。

①自分をさらけ出す

②相手に質問する

③アドバイスを求める

こうしたことを積み重ねていく中で、人と人との信頼関係ができ上がっていきます。

ちなみに私は、大学の学生たちと相互理解を深めるため、いくつかの試みをしていますが、その中でもっとも有益だったもののひとつが、「**チームで書評を発表し合う**」ということです。SNSでグループをつくり、それぞれ自分が読んだ本の書評をそこに記していき、互いにそれを見せ合います。

その主な狙いは、学生たちに読書習慣をつけることでしたが、**自分をさらけ出し**、**相互理解をする**という点においても非常に効果がありました。読んだ本の共有を通じ、相手の好みや志向、今なにに興味があるかなど、極めて多くのことを深く理解できたのです。

あなたのチームでも、ぜひ一度試してみてほしいと思います。

チームワーク・TEAMWORK

相互理解が、チームの成果を上げる近道と心得る

人間関係を構築する
3つのルール

①相互理解
②互いへの信頼
③互いに対する尊敬の念

⇩

そのために、まずするべきこと

①自分をさらけ出す
②相手に質問する
③アドバイスを求める

| How to bring up |

書評を共有して、
自己開示と相互理解を。

TEAMWORK

39

チームワーク

担当以外の仕事に興味を持たせる

ディズニーのキャストたちの多くは、自らが担当する店舗やアトラクションだけではなく、他のアトラクションやレストラン、ショーやイベント、パーク内のどこでなにが売っているかまで覚えています。

キャストによってはそれだけにとどまらず、近隣施設である「イクスピアリ」や、ディズニーの各ホテルにある店舗の営業時間、舞浜駅からの各路線まで覚えている人がいます。さらには、自主的にオリジナルの「隠れミッキーマップ」を作成し、ゲストに教えてあげるキャストまでいました。

そうした土壌をつくった教育システムのひとつに、「**ミステリーショッパー調査**」があります。これは外部の調査員が顧客に成りすましてサービスレベルをチェックするという調査であり、主に飲食業やホテル業などのサービス業で実施されていますが、実はディズニーでも、この調査を導入していました。

ただしそれは、外部団体に調査を依頼したわけではなく、**キャストが「ゲスト役」となって、仲間のキャストのサービスをチェックする**という形で実施されました。そうして仲間のサービスのあり方や自分の担当以外の仕事を客観的に眺めることで、サービスの不足に気づくこともあるでしょうし、他部門のよい部分は直接取り入れることもできます。

このように、仕事の境界線にこだわりすぎず、一歩引いた立場から自分の仕事を見るとともに、他部門がどのように仕事をしているのかを知ることで、得られるものは多くあります。

ゲストに対して有益な情報を提供できるのはもちろん、**職種間の壁がなくなってチームワークもよくなり、組織のタコツボ化を防ぐ**ことができます。また、本人のサービスの質が上がり、お客様に対して自信を持って接するようになれることで、大きな成長のきっかけにもなります。

組織が大きくなるほど部署間の対立は生まれやすくなるもので、「人が3人集まれば派閥ができる」と揶揄される通り、小さなチームであっても、役割や立場の違いからくる意見の相違が必ず出てきます。

たとえば、商品を売ることを至上命令とする営業部門と、お客様にとってよりよいものをつくることを第一に考える制作部門では、どうしても仕事の優先順位が異なってきますから、ぶつかることも多くなります。しかしそこに、たとえば営業職でありながら制作に興味を持ち、自発的にその手法を学んでいる人材がいたら、どうでしょう。きっと双方にとってベターな落としどころを見つけ、そのチームにおける最大公約数といえる成果を上げることができるはずです。

そのように「垣根を越えて自発的に動く」メンバーを育てるためには、まずはリーダーが、それを実践してみせなければいけません。自らが幅広い仕事に興味を持ち、直接つながりのある部署の仕事はもちろん、さらに周辺にある部署や他の会社の情報にまで精通できるよう、努力してほしいと思います。その努力は、自分自身の成長にもつながるため、決して無駄になることはありません。

チームワーク・TEAMWORK

幅広い知識を身につけることが組織のタコツボ化を防ぐ

キャストの多くは、担当する店舗やアトラクション以外のことも把握

他のアトラクションやレストラン、ショーやイベントの情報、パーク内のどこでなにを売っているか……

⇩

「ミステリーショッパー調査」を取り入れ仲間や担当外のサービスレベルをさらに強化する

How to bring up

リーダーが自ら部署の壁を越え、学ぶ姿勢を示す。

TEAMWORK

40

チームワーク

他部門の仕事を、丸1日体験してみる

あなたの会社では、部門間の交流はあるでしょうか。

企画部と開発部というように、一緒に仕事をする機会が多いようなところはさておき、接客部門と人事部など、ほとんど顔を合わせない部門もあると思います。

ただ、接客業においては特に、あらゆる部門の先にいるのはお客様です。すべての部署は顧客満足のために存在するといっても過言ではありません。

つまり、どの部門も共通の目的を持っており、ただアプローチが違うだけのはずです。しかし、人事部や総務部など、いわゆる「現場」から離れた内勤部署であるほど、その視線はどうしてもお客様よりも社内に向きがちであり、本質を見失っている人も意外に多いように思います。

ディズニーでは、パークでゲストに接するキャストのほとんどはアルバイトであり、社員たちは人事部や商品開発部などの「サポート部門」に配置されています。

サポート部門とは、その名の通り「キャストや商品がゲストへハピネスを提供する」ことを、サポートするための部門です。やはりその先にはゲストがいて、その発想や行動を理解していかなければ、最前線で働くキャストたちの気持ちに寄り添った有益なサポートはできません。


そのような考えから、私が人事部時代に行ったのが、サポート部門の新卒者に対するフォローアップ研修です。

どのような研修かといえば、**実際にパークを「体感」してもらうこと**を目的としてプログラムが組んであります。

パークのいちばんの繁忙期は、年末年始。毎年恒例のカウントダウンの際には、パーク内はゲストであふれ、大いに盛り上がります。

こうした熱気あふれるタイミングで、新卒者たちには、**パーク内でアトラクション運営業務を経験してもらったり、カウントダウンの時のゲスト対応を体験してもらっ**

たりしました。

こうして、ディズニーのリアルを、ゲストの立場からではなく研修という仕事目線において体感してもらうことで、ゲストの真のニーズを肌で感じ、自らの仕事に生かしてほしいというのが、この研修の狙いでした。


これは、あらゆる職場に展開できる手法であると私は考えています。

たとえば、営業、商品開発、広報といった企画部門が接客部門を訪れ、そこで実際に接客体験します。

お客様に直に接し、そのニーズを感じることは、新たな商品を企画する際に大いに役立つはずです。

逆もしかりで、接客部門が、営業、商品開発、企画部門の仕事を「1日体験」したり、コールセンターでお客様の声を実際に聞いたりするといいでしょう。

そうした体験を通じ、自社の商品に愛着がわいたり、お客様へのサービスの新たなヒントを得たり、成長のきっかけになるはずです。

チームワーク・TEAMWORK

他部署の仕事を体験してみることで新たな気づきを得る

「現場」から離れた内勤部署こそ、お客様と触れ合う機会をつくる

例）企画部門が接客部門を体験

⇩

自社の商品に愛着がわいたり、
お客様へのサービスの新たなヒントを得られる

| How to bring up |

**仲間の仕事の
「1日体験」を取り入れよう。**

《付録》シチュエーション別 心がつながるフレーズ集

部下や後輩とコミュニケーションを取る際、偉ぶったり、へりくだったりする必要はありません。相手の気持ちに寄り添った一言を加えるだけで、心の距離はグッと近づくもの。とっさの時に覚えておきたい「フレーズ集」を紹介します。

Scene *01* お願いしたい

「今、忙しい？」

頼みごとをしたい時、「今、暇？」という言い方はNG。仕事中に「暇？」と聞かれたら、部下や後輩は、「自分は暇に見えていたんだろうか」と心配になってしまいます。「今、忙しい？」「今、大丈夫？」などと聞くのが、大人のマナーです。

「～してくれたら、ありがたいのだけど」

「してくれたらありがたい」と伝えるだけで、印象がよくなります。たとえば、買い物を頼みたい時に、「ついでに○○を買ってきて」では失礼。「○○を買ってきてもらえたら、ありがたいのだけど」と謙虚な姿勢を示しましょう。

「○○さんしか、できないと思います」

立場が下の人に頼みごとをする時は、どうしても「指示」になりがちです。引き受けてほしい仕事を頼む時は、照れずに「あなたにお願いしたい」という気持ちを伝えましょう。相手に気分よく仕事を受けてもらえます。

「○○さんなら、大丈夫」

責任が重すぎる、自信がないといった理由で、仕事に前向きになれない部下や後輩を説得する時に言ってみましょう。それでも、相手が尻込みするなら、「私もフォローするから」と一言添えます。

「協力なくては、○○できません」

「協力してください」だけでは、一方的な印象に。「みんなの協力がなくては、私たちのプロジェクトは成功しません」などと伝えれば、チームワークも高まります。また、「私たち」「僕ら」という複数形の人称代名詞を使うのも効果的でしょう。

Scene
02 褒めたい

「仕事が早いですね」

「仕事が早い」には、「短時間で終える」と「取りかかるのが早い」の二つの意味がありますが、後者は意外と見落とされがち。いつも依頼した仕事にすぐ取りかかる人に対してこう言えば、「見てくれている」というモチベーションにつながります。

「その調子でお願いします」

大きな仕事の途中で、部下や後輩に伝えたいフレーズです。ここまでの仕事ぶりを評価しているという気持ちを伝えられ、相手のやる気をますます引き出すことができるでしょう。

「本当に頼りになります」

「ありがとう」の後に添えたい言葉。チームに貢献してくれているメンバーに、「ありがとう」だけではちょっと物足りないと思う時、こう続けると、感謝の気持ちとともに、相手への信頼を伝えることができます。

「段取り上手ですね」

言い換えれば、先を見通す力があるということ。今後、なにが必要になるか、どういうスケジュールで進めるかを見通せる人には、「段取り上手ですね。◯◯さんと一緒だと仕事がはかどります」などと声をかけましょう。

「仕事に抜かりがないですね」

「抜かりがない」は、過不足なく、完璧であることなので、仕事ができる部下や後輩ほどいわれてうれしいでしょう。ただし、同僚や先輩に対して言うと、「ずる賢い」というニュアンスが含まれるので注意が必要です。

「前向きなところ、見習わなければと思っています」

仲間に入りたての新人メンバーにこそ、こんなふうに声をかけてみましょう。まだチームの数字には貢献できていなかったとしても、まずは積極的に、ポジティブに働いている姿勢を評価します。

Scene
03

いたわりたい

「大変だったね、ご苦労さまでした」

部下や後輩をねぎらう基本フレーズ。仕事をやり遂げた時に、とりあえず内容にかかわらず、まずやり遂げたことに対して褒めれば、相手はそれだけでもホッとすることができます。

「たいしたことありません」

落ち込んでいる人をなぐさめたい時に言ってみましょう。後輩にとっては大失敗に思えることも、先輩から見るとたいしたことではなく、誰もが経験する失敗ということもよくあります。

「失敗は誰にでもあります」

へこんでいる人を非難したり、叱ったりすると、さらに落ち込ませることになります。「失敗は誰にでもあるよ」と声をかけてもらったほうが、気持ちが切り替えやすくなります。「失敗も勉強のうちです」と伝えるのもいいでしょう。

「いつでも連絡してください。すぐに時間をつくります」

ミスをしたり、仕事の成果が上がらないメンバーに対して、必要な時はすぐに駆けつけるという姿勢を示す言葉。「気にかけてくれるリーダーがいる」と思うだけで、大きななぐさめになります。

「今回は運が悪かったんですよ」

相手の気分を軽くする定番フレーズ。ミスを運のせいにして、相手の責任を一切問わないことをあらわしています。また、「今回」を強調することで、部下や後輩に「次回の成功」を意識させて励ますこともできます。

「私にも似た経験があります」

同じ経験をしたと伝えることで「今の気持ちがわかりますよ」と同情を示すことができます。「お互い、仲間です」と伝えられるこの言葉を使えるのは、同僚以下の立場の人。目上の人に言うと失礼にあたります。

Scene
04 主張したい

「そういえば、ひとついいですか」

部下や後輩に言いにくいことを主張したい時、「ひとつ」という表現によって、相手が聞きやすくなります。要件を伝えたら、すぐに切り上げたいところ。「前々から思っていたんだけど」などと、長々と話すことは避けましょう。

「○○さんだからこそ言うけど」

このように言われると、「普段は、あなたのことを頼りにしているのですから」という気持ちを伝えることができます。言われたほうも感情的になることなく、自然に受け入れられます。

「間違っていたらごめんなさい」

この言葉は、本当に自分が間違っている時ではなく、相手の間違いをやんわりと指摘し、自分の意見を主張したい時の常套句。相手の気持ちを傷つけたり、機嫌を損ねたりしないための基本用語といえます。

「このようなやり方はどうですか」

部下や後輩のアイデアが的を得ていない時は、ただ否定するのでは聞いてもらうことはできません。新たな提案を加えることによって、相手の間違いを気づかせることができます。

「余計なことかもしれないけれど」

自分になかなか助けを求めてこない部下や後輩に、まずは、「私が口出すのは余計かもしれないけれど」と切り出し、あなたの意見を伝えましょう。「助けてほしい」と言えないタイプの人には、特に声をかけてあげたいもの。

「落ち着いて考えましょう」

結論を急ぐ相手に使えるフレーズです。ひらたく言えば「頭を冷やそう」という意味。少し熱くなっている部下や後輩がいたら、「ここはひとつ、もう一度落ち着いて考えよう」と言ってから、あなたの思いを主張しましょう。

Scene **05**

反論したい

「大筋ではそうかもしれませんが」

反論する場合には、特に言葉を選ぶ必要があります。「大筋ではその通りかもしれませんが」と相手の考えを肯定してから自分の意見を伝えると、部下や後輩もそう感情的にはならないはずです。

「◯◯さんなら、わかってもらえると思います」

相手からの難しい申し入れなどを断る場合に、同意を求めることができます。気持ちを傷つけないようにしながらも、「◯◯さんなら、理解してもらえるよね？」というニュアンスを含んでいます。

「私の記憶違いかもしれませんが」

相手の勘違いや間違いを指摘する時、「それは違います」と言っては身もふたもありません。まずは「私の記憶違いかもしれませんが」と伏線を張ってから、「◯◯ではなかった？」と丁寧に伝えましょう。

「私もあなたの立場なら、そう言うと思うんです」

これも、反論するための前置きです。相手の立場を察していることを伝えたうえで、「だけど～」と自分の主張を続けましょう。この言葉には、「あなた側の事情は十分に知っています」という前提で、部下や後輩の言い訳を防ぐことができます。

「再考の余地がありそうです」

相手が部下や後輩とはいえ、「やり直し」「もう1回できる?」では配慮に欠けます。現在の方向性を完全に否定するのではなく、「もっとよくするために」という意味を含ませる伝え方をしましょう。

「困惑しています」

納得がいかず、腹立たしく思っている気持ちを伝えることができます。「困っちゃうなぁ」と言いたいところを、「困惑している」と表現することで、印象をやわらげることができます。

Scene 06
注意したい

「忙しくてうっかりしているのかもしれないけれど」

部下や後輩が仕事の納期や約束を忘れた時に使えるフレーズです。「あの件、どうなっているんだ？」と問いただしたい気持ちをグッと押さえて、ワンクッションおきましょう。

「相談してほしかった」

部下や後輩がトラブルを抱えている時、「なんで相談してくれなかったの？」と言われては、責められていると感じ、ますます気持ちが落ち込むだけ。「相談してほしかった。○○さんをフォローできたかもしれないから」などと伝えましょう。

「マイペースですよ」

作業が慎重すぎる部下や後輩に、「仕事が遅い」「要領が悪い」などの直接的すぎる言い方はできるだけ避けましょう。周りの人と連携して仕事をする大切さを伝えたい時に使いたい言い回しです。

「誤解する人もいると思いますよ」

やんわりと角を立てずに忠告をする時の言い方。「ああいう言い方をすると、誤解する人もいると思いますよ」などと使う。「あなたは能力があるのに、そんな小さなことで不利になりますよ」という気持ちが伝えれられます。

「せっかくいい仕事をしているのに、台無しですよ」

たとえば、仕事ができるのに、遅刻をしたりルーズなところがある人をやんわりと注意できます。相手の自尊心をくすぐりながら伝えれば、部下や後輩を反発させることなく、意思を伝えられるでしょう。

「納得しかねますね」

相手の言動や説明が、納得できない、許せない場合に、婉曲に抗議するフレーズです。「承知しかねることです」「理解しかねることです」なども同じように使えるでしょう。

Scene
07 会議の時には

「定刻になりましたので」

会議を始める時の基本フレーズ。「そろそろやりましょうか」では、ゆるんだ空気が締まりません。「定刻になりましたので会議を始めます」と言えば、「ルールに則って実りある会議にしたい」というあなたの気持ちが伝わります。

「本題に戻しますと」

脱線しそうな時、話を本筋に戻すための言葉。「整理しますと」「要するに」などでもいいですが、相手によっては「上から目線」といった印象を持つ人もいるので、慎重に使いましょう。

「他の方の意見も伺いたいと思います」

発言の少ない人の意見を聞き出すための言い回しです。「○○さんはどうですか」と名指しするのではなく、「他の方の意見も伺いたいと思います」と漠然と聞いたほうが、意見を述べたいと思っている人が自ら手を挙げやすくなります。

「ほぼ意見も出つくしたようですね」

本題から外れてしまった時には、「ほぼ意見も出つくしたようですね」と話して、区切りをつけます。そこから会議をまとめていこうと促すと、それをきっかけに議論の締めとなるような意見が出てくることもあります。

「いい会議でした」

会議を気持ちよく終わらせるための基本フレーズ。司会者が、最後に「今日の会議で◯◯が決定しました。とてもいい会議でした」というように発言すると、出席したメンバーの心には満足感が広がります。

「いろいろと素晴らしい意見をありがとうございました」

リーダーが「お疲れさまでした」だけで会議を締めては、素っ気ないもの。メンバーをねぎらうのと同時に、有意義な時間に感謝をしている気持ちがしっかり伝わるはずです。

おわりに

私の人生の転機のひとつに、「ディズニー時代、人材トレーナーになった」ということがあります。

そこでディズニー流の人材育成に触れ、学び、自分なりにベストを尽くして人を育てた経験が本書の土台となっているわけですが、同時にそれは、その後の生き方を左右するものとなりました。

あなたがこの本を手に取ったのは、人を育てる立場となり、不安や悩み、壁を感じているからだと思います。

そんな人に私が声を大にして言いたいのは、「今、あなたにはとても大きなチャンスが訪れている」ということです。

人を育てるというのは、確かに大変です。相手のキャリア、時に人生にまで影響を与えるため、手を抜くわけにはいきません。

しかし真剣勝負だからこそ、相手と心が通じ、信頼を感じた時の喜びや、育てた人材が巣立っていく時の何物にも代えがたい充実感など、人を育てるという経験を通じてしか得られないものがたくさんあります。

また、相手だけではなく自分の成長にもつながります。

業務を教えたり、心構えを伝えたりする中で、自分もまた原点に返り、自分自身の仕事や目標を再確認することになるからです。そして、相手の気持ちに寄り添いながら試行錯誤する結果、自分もまた人間として成長していきます。

つまり人材育成に携わるということは、あなたの今後のキャリアをプラスに変えるインパクトを持った、大きなチャンスなのです。

ぜひ前向きな気持ちで、人材育成に取り組んでほしいと思います。

心理学の巨匠ユングは、人の一生を太陽の運行になぞらえて、40歳からは〝人生の午後〟に入ると述べています。

私がその折り返し地点を向かえた時、自分はなにをすべきなのか、人生を振り返りつつ考えました。そして改めて感じたのは、「私はいつも、先生に助けられてきた」ということでした。

小学校の先生は、極度に内気だった私の心を開いてくれました。高校の先生は、家庭の事情で未来に夢を持てなかった私を守ってくれましたし、卒業式で行先なく途方にくれる私を励ましてくれました。

人生の午後を向かえて、自分が本当にやりたいこと。

それはやはり人を育てることでした。それが、ディズニーから教職というキャリアチェンジを行った理由です。

もしあなたが、人材育成で壁に当たったら、人生を振り返り、恩師やお世話になった人について、思い出してみてください。

そして、その人たちが自分にしてくれたことを、あなたのチームのメンバーに返してあげてはどうでしょう。

その際の具体的な行動の指針として、本書が少しでも役に立ったとしたら、著者としてとても幸せです。

２０１７年3月　櫻井恵里子

参考・引用文献

【書籍・雑誌】
・「ウォルト・ディズニーの言葉―今、我々は夢がかなえられる世界に生きている―」
ぴあ（2012 年）　※ 3 ページの引用文献
・「ディズニーウェイ 大突破力―その固定概念から抜け出せ！」
マイク・ヴァンス、ダイアン・ディーコン、ココロ（2000 年）
・「ウォルト・ディズニー創造と冒険の生涯 完全復刻版」
ボブ・トマス、講談社（2010 年）
・「心理学 第 5 版」鹿取廣人・杉本敏夫・鳥居修晃、東京大学出版会（2015 年）
・「ワーク・ルールズ！ 君の生き方とリーダーシップを変える」
ラズロ・ボック、東洋経済新報社（2015 年）
・「人を伸ばす力 内発と自律のすすめ」エドワード・L・デシ、新曜社（1999 年）
・「サーバントリーダーシップ」ロバート・K・グリーンリーフ、英治出版（2008 年）
・「ウォルト・ディズニー　すべては夢見ることから始まる」
PHP 研究所編、PHP 研究所（2013 年）
・「14 歳からの社会学 ―これからの社会を生きる君に」
宮台真司、世界文化社（2008 年）
・「失敗しない謝り方」大渕憲一、CCC メディアハウス（2015 年）
・「できる大人のモノの言い方大全」話題の達人倶楽部編、青春出版社（2012 年）
・「大人なら知っておきたいモノの言い方サクッとノート」櫻井弘、永岡書店（2014 年）
・「心を引き寄せる大人の伝え方集中講座」石黒圭、サンクチュアリ出版（2015 年）
・「『なるほど！』とわかる マンガ はじめての自分の心理学」ゆうきゆう、西東社（2015 年）
・「PRESIDENT」2007 年 12.3 号

【ウェブサイト】
・株式会社オリエンタルランド
http://www.olc.co.jp/index.html
・東京ディズニーリゾートキャスティングセンター
https://www.castingline.net/disney_recruit/magiccast.html

著者経歴

櫻井恵里子

Eriko Sakurai

10万人以上のキャストを育てた、元ディズニーのカリスマ人材トレーナー。ハピネスコンサルタント。ピクシーダスト株式会社代表。

東京都立川市出身。1998年に株式会社オリエンタルランド入社、商品開発部で現在もヒット中の「ファンカチューシャ」を開発し、年120%以上の売上増を記録。2003年から人財開発部門にて人材トレーナー、人事戦略、調査、キャリア支援などを担当。2009年から外部法人向けのセミナー事業部門にて、講師、研修開発を担当し大人気を博す。

人事戦略から、調査、採用、教育、キャリア開発までを手がけ、これまで15万人以上の人材育成にかかわる。2011年からCS推進部で顧客満足の本質とホスピタリティのあり方を学ぶ。

現在、西武文理大学サービス経営学部専任講師。人気講座「心理学概論」「キャリア論」「レジャー産業論」などを担当。筑波大学大学院人間総合科学研究科生涯発達専攻博士前期課程修了。修士（カウンセリング）。

所属学会：産業・組織心理学会、日本カウンセリング学会、日本学校心理学会、ホスピタリティ学会、日本マーケティング学会正会員。

著書に『「一緒に働きたい」と思われる心くばりの魔法 ディズニーの元人材トレーナー50の教え』（サンクチュアリ出版）がある。

◎櫻井恵里子 公式サイト
http://www.eriko-sakurai.com

◎櫻井恵里子 Facebook
https://www.facebook.com/erikosakurai2016

◎ pixie dust 公式サイト
http://www.pixiedust.co.jp

【メルマガ登録はこちら】
http://www.eriko-sakurai.com/mailmagazine

3日で変わるディズニー流の育て方

2017年3月21日　初版発行
2018年4月13日　第3刷発行（累計2万5千部）

著　者　　櫻井恵里子

デザイン　　井上新八
DTP　　ISSHIKI
営業　　市川 聡／石川 亮（サンクチュアリ出版）
プロモーション　山口慶一（サンクチュアリ出版）
編集　　吉田麻衣子（サンクチュアリ出版）

発行者　鶴巻謙介
発行所　サンクチュアリ出版
〒113-0023 東京都文京区向丘 2-14-9
TEL 03-5834-2507 FAX 03-5834-2508
http://www.sanctuarybooks.jp
info@sanctuarybooks.jp

印刷　株式会社 シナノ パブリッシング プレス

ISBN978-4-8014-0039-9